Über dieses Buch

Welches Gasthaus des Ostviertels hatte das beste Bier? Welche Nachrichten über Gollum verkündete Legolas beim Rat von Elrond? Warum tragen die Hobbits keine Schuhe? Wenn Ihnen nicht unbekannt ist, wovon hier die Rede ist, sind Sie ganz gewiß ein Tolkien-Leser, wahrscheinlich sogar ein Tolkien-Fan! Suzanne Buchholz hat 955 Fragen aus J. R. R. Tolkiens Büchern ›Der kleine Hobbit‹, ›Der Herr der Ringe‹ und ›Das Silmarillion‹ ausgeheckt, um alle aufrichtigen Tolkien-Fans in Verlegenheit zu bringen. Beweisen Sie ihr das Gegenteil, daß Sie als wirklicher Mittelerde-Kenner alle Fragen beantworten können. (Ohne ein einziges Mal im Lösungsteil gekiebitzt zu haben!) Und wenn Sie die Früchte Ihrer Kennerschaft nicht allein genießen wollen: Setzen Sie sich mit Freunden zusammen und veranstalten Sie einen Abend der rauchenden Köpfe. Sollten Sie zu Beginn noch kein Tolkien-As sein – Sie sind es mit Sicherheit, wenn Sie die letzte Frage dieser durch und durch amüsanten Herausforderung beantwortet haben.

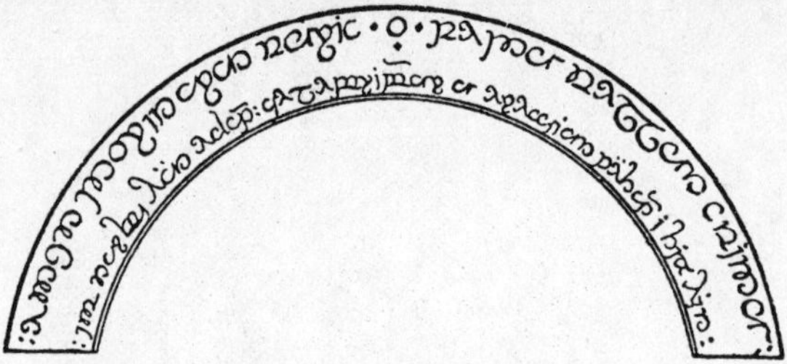

An die Leser des Tolkien-Mittelerde-Quizbuches!

Die Welt von Mittelerde ist rätselhaft, geheimnisvoll und mitunter etwas kompliziert. Wenn Sie Spaß am Enträtseln haben, machen Sie mit beim

Tolkien-Mittelerde-Quizbuch-Preisrätsel.

Von den 955 Fragen dieses Quizbuches sind alle bis auf eine im Lösungsteil beantwortet. Finden Sie diese ungelöste Frage und senden Sie uns die richtige Antwort ein! Die Frage hat es zwar in sich, dennoch sind wir sicher, daß es unter den Mittelerde-Kennern mehr als einen gibt, der die richtige Antwort findet. Daher wird das Los aus den richtigen Einsendungen die Preisträger ermitteln (und wie üblich ist der Rechtsweg ausgeschlossen).

Zu gewinnen sind 20 Tolkien-Preise:

1. Preis: Ein kostbarer, in Silber gefaßter Emaille-Anhänger, der das Wappen von Lúthien Tinúviel zeigt, wie es J. R. R. Tolkien selbst entworfen hat. Dieser Anhänger wurde eigens für dieses Tolkien-Mittelerde-Quizbuch-Preisrätsel von Therese Hößle angefertigt.
2. bis 20. Preis: Je eine von Hand in Leinen gebundene und numerierte Ausgabe von J. R. R. Tolkiens ›Die Geschichte vom Bauern Giles und dem Drachen‹ in englisch-deutschem Paralleldruck mit Illustrationen. Diese gebundene Ausgabe gibt es nur in dieser für das Preisrätsel limitierten Auflage.

Wenn Sie mitmachen wollen: Schicken Sie Ihre Lösung auf einer frankierten Postkarte bis zum 29. Februar 1984 (Poststempel) an:

Deutscher Taschenbuch Verlag
»Tolkien-Preisrätsel«
Postfach 400422
8000 München 40

Ihr Deutscher Taschenbuch Verlag

Suzanne Buchholz:

Das Tolkien-Mittelerde-Quizbuch

Der kleine Hobbit · Der Herr der Ringe · Das Silmarillion

Aus dem Amerikanischen von Philipp Bergmann
und Thomas Kastura

Deutscher
Taschenbuch
Verlag

dtv

Von John Ronald R. Tolkien
sind im Deutschen Taschenbuch Verlag erschienen:
Der kleine Hobbit (dtv junior 7151)
Farmer Giles of Ham – Die Geschichte vom Bauern
Giles und dem Drachen (dtv zweisprachig 9073)

Deutsche Erstausgabe
Oktober 1983

Titel der amerikanischen Originalausgabe:
The Middle-earth Quiz Book (Houghton Mifflin Company,
Boston 1979)

Umschlaggestaltung: Celestino Piatti unter Verwendung
der Zeichnung ›Conversation with Smaug‹ von J. R. R. Tolkien
(© George Allen & Unwin Ltd., London 1973)
Gesamtherstellung: C. H. Beck'sche Buchdruckerei,
Nördlingen
Printed in Germany · ISBN 3-423-10185-7

Inhalt

Vorwort

Ich schrieb dieses Quizbuch aus Liebe zu J. R. R. Tolkiens Mittelerde, fasziniert von seiner Schöpfung einer ganzen Welt mit ihren vielen Wesen, ihrer eigenen Geschichte und Geographie. Als ich mir diese Rätselfragen ausdachte, las ich seine Bücher intensiver denn je. Ich merkte, wie viele Details ich schon vergessen hatte und was mir bis dahin gar nicht verständlich gewesen war. Ich hoffe, das Beantworten der Fragen wird für Sie denselben Zweck erfüllen.

Ich habe diese Fragen erdacht, um Ihre Erinnerung an die Wesen, Gegenstände und Ereignisse in Tolkiens *Der kleine Hobbit, Der Herr der Ringe* und *Das Silmarillion* zu prüfen. Auf der Suche nach den Antworten werden Sie vielleicht ganze Abschnitte dieser Bücher wiederlesen, Ihre liebsten Episoden noch einmal erleben oder Stellen entdecken, die Sie bisher übersehen hatten.

Sie können Ihr Wissen an einem langweiligen und verregneten Sonntag alleine testen und dabei wieder in die Gefahren von Mittelerde eintauchen. Mit Freunden können Sie sich gegenseitig befragen und vielleicht einen Preis für den Gewinner aussetzen.

Dieses Quizbuch hat 101 Abschnitte mit meistens je zehn Fragen – insgesamt sind es 955 Fragen. Der größte Teil ist einfach zu beantworten. Manchmal erscheint die Frage etwas langatmig, weil ich versucht habe, sie so präzis wie möglich zu formulieren. Auch die Zuordnungsfragen sind nicht sehr schwierig, da die Antworten vorgegeben sind, sie müssen nur richtig zugeordnet werden. Mit zu den schwierigeren Fragen gehört das Rätsel, bei dem Sie die Schlachten vom Ersten Zeitalter bis zum Dritten Zeitalter in die richtige zeitliche Reihenfolge bringen sollen. (Sie verdienen Anerkennung, wenn Sie es richtig machen!)

Das Buch ist in neun Kapitel unterteilt. Sechs Kapitel zu den einzelnen Büchern Tolkiens – *Der kleine Hobbit,* die drei Teile von *Der Herr der Ringe (Die Gefährten, Die zwei Türme, Die Rückkehr des Königs)* sowie die *Anhänge* und *Das Silmarillion* – und drei Kapitel, die nach den Wesen, der Topographie und Sonstigem von Mittelerde fragen. Diese drei letzten Kapitel behandeln alle fünf Bücher. Innerhalb der 101 Abschnitte sind die Fragen ungefähr nach dem Fortgang der Ereignisse in den jeweiligen Büchern angeordnet. Nur die jeweils ersten Fragen- und Zitate-

Abschnitte bei *Der kleine Hobbit* und *Die Gefährten* umfassen jeweils das ganze Buch.

Ich will Sie jetzt nicht länger davon abhalten, zu beginnen. Ich hoffe, Ihnen macht das Beantworten Spaß – so wie mir das Schreiben Spaß gemacht hat! Suzanne Buchholz

Bei der Übersetzung des *Middle-earth Quiz Book* wurden die folgenden deutschen Ausgaben der Werke Tolkiens herangezogen und zitiert:

Der kleine Hobbit. Aus dem Englischen von Walter Scherf. Georg Bitter Verlag, Recklinghausen 1957 (6. Auflage 1983). Taschenbuchausgabe: Deutscher Taschenbuch Verlag, München 1974 (dtv 7151, 18. Auflage 1983).

Der Herr der Ringe. 3 Bände. Aus dem Englischen von Margaret Carroux. Normalausgabe in Leinen. Verlagsgemeinschaft Klett-Cotta, Hobbit-Presse, Stuttgart 1969–1970, 2. Auflage der Normalausgabe 1980 (10. Auflage 1983).

Das Silmarillion. Aus dem Englischen von Wolfgang Krege. Verlagsgemeinschaft Klett-Cotta, Hobbit-Presse, Stuttgart 1978 (4. Auflage 1983).

Wir danken den Verlagen Georg Bitter und Klett-Cotta für die bereitwillig erteilte Genehmigung, die Zitate aus den genannten deutschen Ausgaben für dieses Quizbuch übernehmen zu können.

Deutscher Taschenbuch Verlag

Der kleine Hobbit

Sein Name war Beutlin

1. Wie hießen die dreizehn Zwerge, die Bilbo Beutlin auf ihrer Abenteuerfahrt nach Erebor begleitete?
2. Wer waren die drei Trolle, denen die Gesellschaft begegnete, und was machten sie mit den Zwergen?
3. Was sind Mondbuchstaben?
4. Wann ist Durinstag?
5. Wer rettete die Gesellschaft vor den Wargen?
6. Wie hieß der Pelzwechsler, und in was verwandelte er sich?
7. Gandalf machte nicht die ganze Reise nach Erebor mit. Wo verließ er Thorin & Co.?
8. Alle Zwerge außer Thorin wurden von den großen Spinnen im Nachtwald gefangen. Was geschah mit ihm?
9. Was geschah, als Bombur in den Verzauberten Fluß des Nachtwalds fiel?
10. Was nahm Bilbo bei seiner ersten Begegnung mit Smaug aus dem Drachenhort mit, um den Zwergen zu beweisen, daß er wirklich ein Dieb war?

Weit über die kalten Nebelberge

11. Warum hielten sich Thorin & Co. in Bilbo Beutlins Heim auf?
12. Warum verließ Bilbo sein Heim wegen des Abenteuers ohne Hut, Spazierstock und sogar ohne ein Taschentuch?
13. Was geschieht mit Trollen, wenn sie in der Morgendämmerung über der Erde sind?
14. Woher bekamen Gandalf und Thorin ihre Schwerter und Bilbo sein langes Messer?
15. Thorin & Co. suchten vor einem starken Sturm Zuflucht in einer Höhle in den Nebelbergen. Was geschah dort?
16. Wann merkten die Zwerge zum ersten Mal, daß Bilbo ein richtiger Meisterdieb war?
17. Thorin & Co. stolperten in den Treffpunkt der Warge. Was hörte Gandalf sie planen?
18. Thorin & Co. verloren all ihr Gepäck und ihre Ponys an die Orks. Von wem bekamen sie neuen Proviant?
19. Warum verließ die Gesellschaft den Pfad durch den Nachtwald?
20. Wie entkam die Gesellschaft den Waldelben?

Der Berg rauchte unter dem Mond

21. Was taten die Orks, als sie zum Treffen mit den Wargen kamen und sie Warge und Wald brennen sahen und Thorins Gesellschaft in den Bäumen bemerkten?
22. Beorn, der Pelzwechsler, war nicht sehr freundlich zu Fremden. Wie brachte Gandalf ihn dazu, ihre fünfzehnköpfige Gesellschaft aufzunehmen?
23. Wovor warnte sie Beorn im Nachtwald?
24. Die Tage im Nachtwald waren dunkel und trostlos, aber die Nächte waren schlimmer. Was sahen sie nachts?
25. Die Mondbuchstaben auf Thorins Karte sagen, wie man das Schlüsselloch zum Geheimeingang des Einsamen Berges finden kann. Wie?
26. Wer bemerkte zuerst diese Mondbuchstaben?
27. Woher wußte Bard, wohin er den Pfeil schießen mußte, der Smaug tötete?
28. Welchen Anteil des Drachenschatzes beanspruchte Bard als Drachentöter und Erbe von Dal?
29. Was gab Bilbo Bard, damit er mit Thorin verhandeln konnte?
30. Wie kam es, daß die Schlacht zwischen den Zwergen, Elben und Menschen aufhörte, bevor sie begann?

Zu den tiefen Verliesen und uralten Höhlen

31. Wer lebte in einer großen Höhle am Ostrand des Nachtwaldes?
32. Wer sah zuerst die Adler, die zur Schlacht der Fünf Heere kamen?
33. Warum konnte Bilbo nach dem Ende der Schlacht nicht gefunden werden?
34. Wer kam in der letzten Stunde der Schlacht den Elben, Zwergen, Menschen und Adlern zu Hilfe, und wie erschien er?
35. Was wurde mit Thorin begraben?
36. Warum gab Bilbo dem Elbenkönig ein silbernes Perlenhalsband, als sich die Gesellschaft am Rand des Nachtwaldes trennte?
37. Nach dem Kampf mit den Spinnen machten die Zwerge und Bilbo einen letzten Versuch, aus dem Nachtwald hinauszufinden. Warum gelang es ihnen nicht?
38. Was gab Thorin Bilbo, als sie zum ersten Mal zum Drachenhort kamen?
39. Nach wem schickte Thorin, um den Drachenschatz vor den Menschen zu verteidigen?
40. Wie knüpfte er Kontakt mit ihm?

Verderbe den Orks ihr Spiel!

Wer sagte folgendes und bei welcher Gelegenheit?

41. »Jetzt weiß ich, wie es einem Stück Speck zumute ist, wenn es plötzlich mit einer Gabel aus der Pfanne gepickt und zurück in die Speisekammer gelegt wird.«
42. »Was zum Teufel hat aber ein Meisterhobbit mit meiner Tasche zu tun?«
43. »Nein! Wir sind froh, daß wir den Orks ihr Spiel verdorben haben und Euch unseren Dank abstatten konnten. Aber wir wollen unsere Haut nicht für Zwerge zu Markte tragen.«
44. »Wirklich gut, denn bisher ist nicht mal eine vorsichtige und leise Maus unter meiner Nase weggehuscht, ohne daß ich sie bemerkt hätte.«
45. »Das war ein scharfer Kampf. Aber er war die Sache wert. Sie haben ohne Frage ein ekelhaft dickes Fell. Aber ich wette, es ist innen ein guter Saft drin.«
46. »Schwarzer Pfeil, ich habe dich als letzten aufgespart. Du hast nie gefehlt, immer habe ich dich wiedergefunden. Ich habe dich von meinem Vater erhalten, und auch er erhielt ihn als Erbe aus alten Tagen. Wenn du wirklich aus den Schmieden des wahren Königs unter dem Berg kommst, so flieg jetzt, und Glück sei mit dir!«
47. »Todsicher nichts Gutes! Spioniert Ihr meine Leute aus? Ich wäre nicht überrascht. Diebe, Mörder und Elbenfreunde – was denn sonst!«
48. »Beim Bart von Durin! Ich wünschte, Gandalf wäre hier! Verflucht soll er sein, warum hat er Euch bloß ausgewählt. Möge sein Bart verdorren! Und was Euch angeht: In die Klippen werde ich Euch schmettern!«
49. »Die ganze lahme Lümmelei
wirft Netze aus, mich zu fangen.
Einen besseren Braten findet ihr nicht –
doch müßt ihr mich erst erlangen!«
50. »Wir sind nach unserem langen Weg müde und hungrig und haben kranke Kameraden dabei. Macht also schnell und spart Eure Worte, oder Euer Meister wird Euch etwas zu erzählen haben.«

Etwas Merkwürdiges geschieht

Wer sagte folgendes und bei welcher Gelegenheit?

51. »Wir sind ruhige Leute hier und suchen keine Abenteuer! Ein ärgerlicher, störender, unbehaglicher Zeitvertreib. So etwas verspätet nur die Mahlzeiten.«
52. »Ihr hättet ihn auch fallen lassen, wenn plötzlich ein Ork von hinten aus der Finsternis Eure Knie geschnappt, Euch ein Bein gestellt und in den Hintern getreten hätte!«
53. »Eine ausgezeichnete Geschichte! Die beste, die ich seit langer Zeit gehört habe. Wenn alle Bettler eine solch gute zu erzählen hätten, würden sie mich umgänglicher finden.«
54. »Keine Zeit jetzt! Folgt mir nur. Wir müssen zusammenbleiben und dürfen uns auf keinen Fall voneinander trennen. Alle müssen entkommen oder keiner, und dies ist unsere letzte Chance.«
55. »Jetzt kommst du mit und versuchst den neuen Wein, der gerade eingetroffen ist. Heut nacht habe ich viel zu tun, denn ich muß den Keller von den leeren Fässern räumen. Doch damit die Arbeit besser von der Hand geht, wollen wir erst einmal einen kräftigen Zug nehmen!«
56. »Dauernd Äpfel zu riechen, wenn man sich kaum rühren kann und kalt und krank vor Hunger ist – das macht einen irre. Ich könnte jetzt stundenlang essen – aber nicht einen einzigen Apfel.«
57. »Ich bin zu fett für solche Flugpartien. Ich würde bloß schwindlig, träte auf meinen Bart, und dann wärt ihr wieder nur dreizehn. Außerdem sind die aneinandergeknoteten Taue viel zu dünn für mein Gewicht!«
58. »Etwas Merkwürdiges geschieht! Die Zeit für den Herbstzug ist vorbei. Und dies sind Vögel, die im Land bleiben. Da sind Stare und ganze Scharen von Finken, und weiter drüben kreisen zahllose Aaskrähen, als sollte hier eine Schlacht stattfinden.«
59. »Wenn das Eure Antwort ist, so erkläre ich den Berg für belagert. Ihr sollt erst abziehen können, wenn Ihr selbst um Frieden und Unterhandlung bittet. Rechnet nicht mit bewaffneten Angriffen – wir liefern Euch Eurem Gold aus. Eßt es auf, wenn es Euch gefällt!«

60. »Es steckt mehr Gutes in Euch, als Ihr selbst wißt. Mut und Weisheit in einem schönen Ebenmaß. Wenn mehr von uns Heiterkeit, gutes Tafeln und klingende Lieder höher als gehortetes Gold schätzen würden, so hätten wir eine fröhlichere Welt.«

Dieb! Ich rieche dich

61. Was bewirkt der Wein von Dorwinion bei denen, die ihn trinken?
62. Wie hieß der Kellermeister des Königs der Waldelben?
63. Bevor sie wußten, wie der Geheimeingang zum Einsamen Berg zu öffnen war, saß Bilbo auf der »Türschwelle«, während er nachdachte und beobachtete. Was beobachtete er?
64. Unter welchem Mond wurden die Mondbuchstaben auf Thorins Karte geschrieben?
65. In Smaugs Schatz waren Speere für König Bladorthin. Wie waren sie beschaffen?
66. Welche Farbe hatte der Kapuzenmantel, den Bilbo von Dwalin am Beginn ihrer Reise erhalten hatte?
67. Welche Farbe hatten die Banner der Orks in der Schlacht der Fünf Heere?
68. Wann kehrte Bilbo nach Beutelsend zurück?
69. Was gab Dain Bard zurück (er hatte es seinerseits dem Elbenkönig gegeben)?
70. Welches Instrument spielte Thorin, als die Zwerge in Bilbos Höhle Musik machten?

Der Herr der Ringe
Erster Teil: Die Gefährten

Ein Ring sie zu knechten

71. Wie sollte der Ring zerstört werden?
72. Eine Gemeinschaft wurde gebildet, um Frodo auf seiner Suche zu unterstützen. Wer sind die acht anderen Mitglieder?
73. Was geschah mit Bilbo an seinem einundelfzigsten Geburtstag?
74. Wodurch wurde Gandalf im Zusammenhang mit dem Ring während der letzten Unterredung im Auenland mit Bilbo beunruhigt?
75. Gandalf erzählte Frodo, es wäre kein Zufall, daß Bilbo den Ring von Gollum bekam. Was war der Grund?
76. Warum begleitete Sam Frodo auf seiner Fahrt?
77. Was erblickte Frodo auf der Wetterspitze und wie kam er dazu, es zu sehen?
78. Warum starb Frodo nicht, als er in Khazad-dûm von einem Ork-Speer einen fürchterlichen Stoß in die Seite erhielt?
79. Was waren die Geschenke, die Galadriel Sam und Frodo bei ihrer Abreise von Lórien gab?
80. Was geschah mit dem Morgul-Messer, das benutzt wurde, Frodo auf der Wetterspitze zu erstechen?

Aber wie steht's damit, Frodo?

81. Wie alt war Bilbo, als er Frodo als seinen Erben einsetzte?
82. Was geschah mit Frodos Eltern?
83. Bilbo wurde als »gutaussehend und unverändert« bezeichnet, aber wie, sagte er Gandalf, daß er sich in Wirklichkeit fühlte?
84. Wer wäre Bilbos Erbe gewesen, wenn er Frodo nicht adoptiert hätte?
85. Als Frodo fünfzig Jahre alt war, kam Gandalf zurück, um ihn auf Beutelsend zu besuchen. Wie lange war es her seit ihrer letzten Zusammenkunft?
86. Warum behielt Frodo den Ring immer an einem Kettchen?
87. Wenn ein Sterblicher den Ring oft benutzt, um unsichtbar zu werden, was geschieht dann mit ihm?
88. Wer allein gab den Ring freiwillig irgendjemandem zum Geschenk?
89. Als Gandalf Frodo von den Übeln des Ringes erzählte, wollte Frodo ihn wegwerfen. Was geschah, als er es versuchte?
90. Was wäre mit Frodo geschehen, wenn Gandalf versucht hätte, ihn zu zwingen, den Ring aufzugeben?

Nun sind wir endlich weg!

91. Welchen Tag wählte Frodo für das Verlassen des Auenlandes?
92. Frodo brauchte gewissermaßen einen Bestimmungsort für seine Reise. Wohin riet ihm Gandalf vorerst zu gehen?
93. Wer kaufte Frodo Beutelsend ab?
94. Wohin, erzählte Frodo jedem im Auenland, werde er gehen?
95. Kurz bevor Frodo Beutelsend verließ, hielt ein Fremder an, um Hamfast Gamdschie (den alten Ohm) über Frodo auszufragen. Wer war der Fremde?
96. In Waldende kroch ein Schwarzer Reiter auf Frodo, Sam und Pippin zu, als er durch einen Gesang vertrieben wurde. Wer sang in diesem Augenblick?
97. Warum fürchtete sich Frodo vor dem Bauern Maggot?
98. Bockland war ursprünglich an der Ostseite ungeschützt. Was errichteten die Bockländer dort und wie hieß es?
99. Im Alten Wald schliefen Merry und Pippin mit dem Rücken an einem alten Weidenbaum ein. Was tat der Baum mit ihnen?
100. Auf welche Weise beabsichtigte Sam Merry und Pippin zu retten, und was war die Reaktion des Baumes?

Etwas ist faul an der ganzen Sache

101. Wer hielt sich bei Bauer Maggot auf, kurz bevor Frodo dort anlangte, und was wollte er?
102. Wie rettete Tom Bombadil Merry und Pippin vor dem Weidenmann?
103. Als sie sich bereit machten, sein Haus zu verlassen, welchen Ort riet Tom Bombadil den Hobbits zu meiden?
104. Auf dem Weg zur Oststraße wurden die Hobbits gefangen. Von wem?
105. Ein Arm kroch auf Sam zu, bereit ihn zu töten. Was tat Frodo?
106. Die Ponys, die Merry für ihre Reise bereitstellte, hatten keine Namen. Wer benannte sie schließlich?
107. Welchen Namen führte Frodo beim Gasthof in Bree?
108. Frodo sang ein Lied im Gasthaus, um Pippin am Beenden einer Geschichte über Bilbo zu hindern. Was geschah, als er das Lied ein zweites Mal sang?
109. Was enthielt die Botschaft, die Gandalf in Bree zurückließ, und wann wurde sie für Frodo aufgegeben?
110. Ein Schwarzer Reiter folgte Merry beinahe bis zum Tor von Bree. Merry wurde am Straßenrand liegend aufgefunden. Was war mit ihm geschehen?

Geheimnisvolle Wanderer

111. Die Hobbits verloren ihre Ponys beim Gasthaus in Bree. Wem kauften sie schließlich ein Lastpony ab, und wieviel kostete es?
112. Wer hinterließ den Beryll als Zeichen auf der Letzten Brücke?
113. Was geschah mit Frodo an der Bruinenfurt, als der Führer der Schwarzen Reiter seine Hand nach ihm ausstreckte?
114. Frodo durchquerte die Bruinenfurt, und die Schwarzen Reiter kamen ihm nach. Was geschah, während sie noch im Wasser waren, das Frodo vor Gefangennahme schützte?
115. Welchen der dreizehn Zwerge, der in Thorin Eichenschilds Gesellschaft gewesen war, traf Frodo in Bruchtal, und warum war dieser dort?
116. Welche Neuigkeiten brachte Radagast der Braune Gandalf dem Grauen?
117. Wie entkam Gandalf aus Orthanc?
118. Während die Gemeinschaft des Ringes an der Grenze von Hulsten lagerte, fühlten sie, daß dieses Gebiet nicht mehr »gesund« war. Wodurch?
119. Warum kehrte die Gemeinschaft um, nachdem sie nur einen Teil des Weges zum Caradhras hinaufgegangen war?
120. Welchen Weg schlug die Gemeinschaft ein, als sie vom Caradhras umkehren mußte?

Hinunter ins Land des Schattens

121. Was hörte Frodo andauernd in Moria?
122. Wer griff die Gemeinschaft an, während sie in der Kammer von Mazarbul waren?
123. Auf welche Weise überquerte die Gemeinschaft den Fluß Celebrant?
124. Was fühlten die Mitglieder der Gemeinschaft, als Frau Galadriel jeden einzelnen in ihrem Bann hielt?
125. Wer folgte ihnen den Anduin hinunter?
126. Was geschah, als die Gemeinschaft Kurs auf das Ufer von Sarn Gebir nahm?
127. Beim Rauros mußte die Gemeinschaft entscheiden, ob sie in Richtung Westen nach Minas Tirith oder östlich nach Mordor gehen sollte oder ob sie sich aufsplittern und beides tun sollte. Wie entschloß sich Frodo?
128. Was fühlte Frodo auf Amon Hen, als er nach Osten nach Barad-dûr blickte?
129. Was wollte Boromir, daß Frodo tun sollte?
130. Was sah Sam, als er, Frodo suchend, nach Parth Galen zurückeilte?

Diener des Geheimen Feuers

Wer sagte folgendes und bei welcher Gelegenheit?

131. »Ich bezweifle sehr stark, daß deine Freunde in Gefahr sind, wenn du nicht bei ihnen wärst! Die Verfolger würden dir nacheilen und uns in Frieden lassen, glaube ich. Du bist es, Frodo, und das, was du bei dir hast, was uns alle in Gefahr bringt.«
132. »Ich bin ein Diener des Geheimen Feuers und Gebieter über die Flamme von Anor. Du kannst nicht vorbei. Das dunkle Feuer wird dir nichts nützen, Flamme von Udûn. Geh zurück zu den Schatten. Du kannst nicht vorbei.«
133. »Ach, was für eine törichte Zeit! Alle hier sind Feinde des einen Feindes, und doch muß ich blind einhergehen, während die Sonne durch Blätter aus Gold fröhlich in den Wald scheint!«
134. »Wie mich das erbost! Narr! Dickköpfiger Narr! Wissentlich dem Tod in die Arme laufen und unsere Sache verderben! Wenn irgendwelche Sterblichen Anspruch auf den Ring haben, dann sind es die Menschen von Númenor, und nicht Halblinge! Du hast ihn nur durch einen unglücklichen Zufall erhalten. Er hätte mir gehören können. Er sollte mir gehören.«
135. »Da ist irgend etwas faul, meine Liebe! Ich glaube, der verrückte Beutlin ist wieder auf und davon. Alberner alter Narr. Aber warum sollen wir uns darüber Gedanken machen? Die Weinbuddeln hat er ja nicht mitgenommen.«
136. »So, und was noch? Ich habe von merkwürdigen Dingen in diesem Land gehört, aber selten habe ich gehört, daß ein Hobbit im Freien unter einem Baum schläft.«
137. »Die Gemeinschaft des Ringes soll aus Neun bestehen; und die Neun Wanderer sollen es mit den Neun Reitern aufnehmen, die böse sind. Mit dir und deinem getreuen Diener wird Gandalf gehen; denn dies wird seine große Aufgabe sein und vielleicht das Ende seiner Mühen.«
138. »Wie ein ganz gewöhnlicher Hobbit schaust du aus. Aber jetzt ist mehr an dir dran, als äußerlich zu sehen ist.«
139. »Er ist der Träger, und die Vernichtung der Bürde ist ihm auferlegt worden. Ich glaube nicht, daß es uns zusteht, ihm zu diesem oder jenem Weg zuzureden. Und ich glaube auch

nicht, daß es uns gelingen würde, wenn wir es versuchten. Da sind andere Mächte am Werk, die weit stärker sind.«

140. »Nimm deinen goldenen Ring ab! Deine Hand ist hübscher ohne ihn. Komm zurück! Gib das Spiel auf und setz dich neben mich! Wir müssen uns noch eine Weile unterhalten und über morgen nachdenken.«

Du – du bist ein Brandybock!

Wer sagte folgendes und bei welcher Gelegenheit?

141. »Und doch würde es eine Erleichterung sein, nichts mehr mit ihm zu tun zu haben. In letzter Zeit hat er mich richtig bedrückt. Manchmal hatte ich das Gefühl, er sei ein Auge, das mich anschaute.«
142. »Du wirst es noch bereuen, junger Freund! Warum bist du nicht auch gegangen? Du gehörst nicht hierher; du bist kein Beutlin – du – du bist ein Brandybock!«
143. »Verdient ihn! Das will ich glauben. Viele, die leben, verdienen den Tod. Und manche, die sterben, verdienen das Leben. Kannst du es ihnen geben?«
144. »Herr, Herr, Frodo! Laß nicht zu, daß er mit weh tut! Laß nicht zu, daß er mich in ein Ungeheuer verwandelt! Mein altes Väterchen würde sich so aufregen. Ich hab's nicht bös gemeint, Ehrenwort, Herr!«
145. »Wenn Gandalf sich verspätet, bedeutet es nichts Gutes. Aber es heißt: Misch dich nicht in die Angelegenheiten von Zauberern ein, denn sie sind schwierig und rasch erzürnt.«
146. »Wir haben beide recht gehabt. Der gerade Weg ist schon krumm geworden; aber wir sind eben noch rechtzeitig in Deckung gegangen.«
147. »Er hat Erde unter seinen alten Füßen und Lehm an seinen Fingern; Weisheit in seinen Knochen, und beide Augen hält er offen.«
148. »Alte Messer sind lang genug als Schwerter für Hobbits. Scharfe Klingen zu haben ist gut, wenn Leute aus dem Auenland nach Osten, Süden oder in ferne Dunkelheit und Gefahr gehen.«
149. »Gibt es denn kein Entkommen? Wenn ich gehe, werde ich gesehen und gejagt! Wenn ich mich still verhalte, ziehe ich sie zu mir.«
150. »Dann ist es aber nicht länger weiß. Und derjenige, der etwas zerbricht, um herauszufinden, was es ist, hat den Pfad der Weisheit verlassen.«

Macht des Dunklen Gebieters

Wer sagte folgendes und bei welcher Gelegenheit?

151. »Es ist richtig, würden diese Hobbits die Gefahr erkennen, dann würden sie nicht wagen, mitzugehen. Aber sie würden immer noch den Wunsch haben, zu gehen, oder wünschen, daß sie es wagten, und beschämt und unglücklich sein.«
152. »Ihr solltet die vielen Augen von Saurons Dienern fürchten. Ich zweifle nicht, daß Nachrichten über die Niederlage der Reiter ihn schon erreicht haben, und er wird voller Zorn sein.«
153. »Auch ich bin einmal durch das Schattenbachtor gekommen. Aber obwohl ich wieder herauskam, habe ich eine sehr böse Erinnerung. Ich möchte Moria nicht ein zweites Mal betreten.«
154. »Viele haben als Strafe, wenn sie ihren ersten Ork erschlagen haben, Schlimmeres erhalten als das. Der Schnitt ist nicht vergiftet, was die Wunden von Orkklingen oft sind.«
155. »Gegen meinen Willen sind wir unter den Schatten von Moria hindurchgegangen, zu unserem Schaden. Und nun müssen wir den Goldenen Wald betreten, sagst du. Aber von jenem gefährlichen Land haben wir in Gondor gehört, und es heißt, daß wenige wieder herauskommen, die einmal hineingehen.«
156. »Indes zeigt sich die Macht des Dunklen Gebieters nirgends deutlicher als in der Entfremdung aller derjenigen, die ihm noch Widerstand leisten.«
157. »Nichts, es sei denn – es sei denn, ich dürfte bitten, nein, es nennen: eine einzige Strähne von Eurem Haar, das das Gold der Erde übertrifft wie die Sterne die Edelsteine der Minen.«
158. »Was es war, kann ich nicht erraten, aber ich habe nie eine derartige Herausforderung verspürt. Der Gegenzauber war fürchterlich. Er hätte mich fast zerbrochen.«
159. »Doch selbst so, als Ringträger und einer, der ihn auf dem Finger getragen und gesehen hat, was verborgen ist, ist deine Sehkraft schärfer geworden. Du hast meine Gedanken deutlicher wahrgenommen als viele, die für weise gehalten werden.«

160. »Ihr vergeßt nicht nur eure Familiengeschichte, sondern alles, was ihr je über Trolle gehört habt. Es ist hellichter Tag und strahlender Sonnenschein, und trotzdem versucht ihr, mich mit einer Geschichte von lebendigen Trollen zu erschrecken, die auf dieser Lichtung auf uns warten!«

Die Welt war schön

161. Was ließ Bilbo Rorimac »Goldvater« (Alter Rohrig) Brandybock zurück?
162. Wieviele Unterschriften benötigt ein Hobbit für sein Testament?
163. Frodo warnte Sam Gamdschie davor, jemandem zu erzählen, was er erlauscht hatte. In was, sagte er, würde Gandalf Sam verwandeln, wenn er redete?
164. Wie alt war Lobelia Sackheim-Beutlin, als sie von Beutelsend Besitz ergriff?
165. Wie lange liefen Frodo, Sam und Pippin auf dem Weg nach Bockland, bevor sie zum ersten Mal rasteten?
166. Unter welcher Adresse lebten Samweis Gamdschie und sein Vater?
167. Was ließ Frau Maggot durch Bauer Maggot Frodo geben?
168. Während er in Krickloch schlief, träumte Frodo, daß er ein Geräusch hörte, von dem er schon oft davor geträumt hatte. Was hörte er im Traum?
169. Welcher Teil des Alten Waldes, sagte Merry, sei der sonderbarste Teil des ganzen Forstes?
170. Was behielt Tom Bombadil vom Schatzhaufen des Grabunholdes?

Die großen Berge

171. Was waren die Namen, die Merrys fünf Ponys gegeben wurden?
172. Hinz und Kunz gaben Sam ein Abschiedsgeschenk, als er und die anderen von Bree nach Bruchtal aufbrachen. Was war es?
173. Was rief Frodo aus, als ihn der Herr der Nazgûl auf der Wetterspitze niederstreckte?
174. Wieviele Tage und Nächte pflegte Elrond Frodo, um ihn von der Wunde des Morgul-Messers zu heilen?
175. Welche Worte gebrauchte Gandalf, um das Feuer am Caradhras zu entzünden?
176. Welche Waffen schwang der Balrog?
177. In welche Richtung ging das Tor von Caras Galadon?
178. Wieviele Jahre waren vergangen, seit Aragorn zum letzten Mal in Lórien gewesen war?
179. Wer berief zum ersten Mal den Weißen Rat ein?
180. Wer webte den Elbenstoff für die Mäntel, die der Gemeinschaft in Lórien geschenkt wurden?

Der Herr der Ringe
Zweiter Teil: Die zwei Türme

Die Orks machten sich bereit

181. Während sie Frodo suchten, wurden Boromir, Pippin und Merry von Orks angegriffen. Was war ungewöhnlich an diesen Orks?
182. Was machte Aragorn mit Boromirs Leiche?
183. Pippin ließ ein Zeichen für die Verfolger zurück. Was war es?
184. Warum sahen die Rohirrim Aragorn, Legolas und Gimli nicht?
185. Wer gab den Befehl, daß ihnen Pferde gegeben wurden?
186. Pippin täuschte einem Ork vor, daß er den Ring hätte. Wer war dieser Ork?
187. Wie hieß der Ort, zu dem Fangorn Merry und Pippin brachte und wo sie ihre erste Nacht verbrachten. Wie wurde dieser Ort beleuchtet?
188. Was tat Saruman dem Wald an, worüber Fangorn so wütend wurde?
189. Wen trafen Aragorn, Legolas und Gimli in Fangorn?
190. Was waren die Geflügelten Boten?

Der König der Goldenen Halle

191. Warum war Théoden nicht froh, Gandalf auf Meduseld zu sehen?
192. Théoden war alt und hörte auf die unehrlichen Ratschläge von Grima Schlangenzunge. Was tat Gandalf, und was geschah mit Théoden infolge von Gandalfs Tat?
193. Théoden sagte Gandalf, daß er jedes Geschenk haben könne, das er wähle. Worum bat Gandalf?
194. Wen setzte Théoden als Erben ein, und wen ließ er in der Goldenen Halle zurück, um das Volk zu regieren?
195. Der ursprüngliche Bestimmungsort der Reiter der Mark waren die Furten des Isen. Wohin gingen sie aber zuletzt?
196. Als die Reiter der Mark aus Helms Tor hervorritten, um die Orks zu vertreiben, hatte sich die Gestalt des Landes verändert. Was war anders?
197. Wer kam den Eorlingas in diesem Augenblick zu Hilfe?
198. Warum waren die Bergmenschen von Dunland überrascht, als ihnen die Freiheit geschenkt wurde?
199. Als Gandalf, Théoden und ihre Begleitung nach Isengart kamen, fanden sie es in Trümmern. Wer war vor ihnen dort?
200. Als die Ents nach Isengart marschierten, wurden sie von Lebewesen begleitet, die ihnen ähnlich waren. Wie wurden diese Lebewesen genannt?

Treibgut und Beute

201. Die Ents stauten kurz das Wasser des Isen. Was machten sie mit dem Wasser?
202. Was machte Baumbart mit Schlangenzunge?
203. Gandalf kam zu Baumbart, um Hilfe gegen die Orks, die König Théoden angriffen, zu erlangen. Was tat Baumbart?
204. Wie wirkte Sarumans Stimme auf viele, die ihm zuhörten?
205. Gandalf sagte zu Saruman, daß er Orthanc unverletzt verlassen könne, wenn er Gandalf zwei Gegenstände gäbe. Welche?
206. Was warf Schlangenzunge aus dem Turm von Orthanc?
207. Wer bewachte Orthanc, um sicher zu gehen, daß Saruman dort bliebe?
208. Was tat Pippin in der ersten Nacht auf ihrer Reise zurück nach Edoras?
209. Was geschah mit Pippin infolgedessen?
210. Wer flog über das Lager nach dem Zwischenfall mit Pippin?

Über die Sümpfe zum Schwarzen Tor

211. Frodo und Sam benutzten ein Elbenseil, dessen eines Ende an einem Baumstumpf befestigt war, um in eine steile Rinne zu klettern. Was geschah, als Sam zum Abschied an dem Seil zog?
212. Was war Frodos Erklärung dafür? Wie erklärte es Sam?
213. Was tat Gollum, als Sam das Seil um Gollums Fußgelenk knotete?
214. Was tat das Seil Gollum an und warum?
215. Was ließ Frodo Gollum schwören, bevor er ihn vom Seil befreite?
216. Was sah Sam im Wasser der Totensümpfe?
217. Was tat Gollum in der Grube bei den Schlackenhügeln, als Frodo einschlief?
218. Als sie in Ithilien lagerten, ließ Sam Gollum etwas holen. Was war das, und was machte Sam damit?
219. Wie fanden die Waldläufer von Ithilien Frodo und Sam?
220. Was kam zu Sams Schrecken und Freude durch die Bäume gebrochen?

Etwas Böses in Spinnenform

221. Gegen wen kämpften die Waldläufer von Ithilien, als sie Frodo und Sam fanden?
222. Frodo und Sam wurden zu Faramirs Zuflucht gebracht. Wie wurde sie genannt, und was war direkt vor ihr?
223. Sam sagte Faramir, daß er etwas an sich habe, das Sam an etwas erinnere. Woran?
224. Während er auf dem Pfad nach Cirith Ungol war, sah Frodo den Herrn der Nazgûl. Was tat dieser?
225. Obwohl er versucht war, den Ring überzustreifen, widerstand Frodo, und nahm etwas anderes anstatt des Ringes in die Hand. Was war das?
226. In dem Gang nahm Frodo Galadriels Phiole und Stich und griff ein böses Wesen an. Wer war das?
227. Was blockierte das Ende des Ganges, und wie überwanden sie das Hindernis?
228. Wer hinderte Sam, Frodo vor der drohenden Gefahr, die aus dem Tunnel kam, zu warnen?
229. Welchen Entschluß hatte Sam zu fassen, nachdem er Frodo tot aufgefunden hatte?
230. Was erfuhr Sam über Frodo von den Orks, die seinen Körper mitnahmen?

Da ist Böses im Gange

Wer sagte folgendes und bei welcher Gelegenheit?

231. »Da ist Böses im Gange in Isengart, und der Westen ist nicht länger sicher. Es ist, wie Gandalf gefürchtet hatte: auf irgendeine Weise hat der Verräter Saruman Nachricht über unsere Fahrt erhalten.«

232. »Die Welt ist ganz seltsam geworden. Elben und Zwerge wandern gemeinsam über unsere alltäglichen Weiden; und Leute sprechen mit der Herrin des Waldes und sind dennoch am Leben ...«

233. »Meine lieben, empfindlichen kleinen Narren, alles, was ihr habt, und alles, was ihr wißt, wird zur rechten Zeit schon aus euch herausgeholt werden: alles! Ihr werdet wünschen, daß es mehr gäbe, was ihr sagen könntet, um den Verhörenden zufriedenzustellen, das werdet ihr wirklich wünschen: ziemlich bald.«

234. »Verflucht soll er sein, Wurzel und Ast! Viele dieser Bäume waren meine Freunde, Geschöpfe, die ich von Nuß und Eichel an kannte; viele hatten eine eigene Stimme, die nun auf immer verstummt ist. Und jetzt ist dort ein Ödland voller Baumstümpfe und Dornengestrüpp, wo einst singende Haine waren.«

235. »Der Dunkle Gebieter hat Neun: Aber wir haben Einen, mächtiger als sie: den Weißen Reiter. Er hat das Feuer und den Abgrund überstanden, und sie sollen ihn fürchten.«

236. »Eine Last bist du gewesen, aber jetzt nicht. Leicht wie eine Schwanenfeder bist du nun in meinen Klauen. Die Sonne scheint durch dich hindurch. Ich glaube wirklich nicht, daß du mich noch brauchst: ließe ich dich fallen, würdest du im Wind dahintreiben.«

237. »Bringt Ihr Mannen? Bringt Ihr Pferde, Schwerter, Speere? Das würde ich Hilfe nennen; das ist es, was wir jetzt brauchen. Aber wer sind jene, die an Euren Rockschößen hängen? Drei zerlumpte Wanderer in Grau, und Ihr selbst seid der bettlerähnlichste von den vieren!«

238. »Eine einfältige Schlange seid Ihr geworden. Deshalb schweigt und behaltet Eure gespaltene Zunge hinter Euren Zähnen. Ich bin nicht durch Feuer und Tod gegangen, um

verlogene Worte mit einem Diener zu wechseln, bis der Blitz einschlägt.«

239. »Am meisten von allen verdanke ich Euch, mein Gast. Wieder einmal seid Ihr rechtzeitig gekommen. Ich möchte Euch gern ein Geschenk machen, ehe wir aufbrechen, nach Eurer Wahl. Ihr braucht nur irgend etwas zu nennen, das mir gehört. Allein mein Schwert nehme ich aus!«

240. »Das ist nicht der Weg, den ihr einschlagen müßt. Ich habe Worte der Hoffnung gesprochen. Aber nur der Hoffnung. Hoffnung ist noch kein Sieg. Krieg steht uns und allen unseren Freunden bevor, ein Krieg, in dem nur die Verwendung des Ringes uns die Gewißheit des Sieges geben könnte.«

Ein alter Lügner

Wer sagte folgendes und bei welcher Gelegenheit?

241. »Helft jetzt, das Unheil wiedergutzumachen, zu dem ihr beigetragen habt. Und nachher sollt ihr einen Eid leisten, niemals wieder bewaffnet die Furten des Isen zu überschreiten oder euch den Feinden der Menschen anzuschließen; und dann sollt ihr frei in euer Land zurückkehren.«
242. »Und nun, da die Großen fort sind, um wichtige Angelegenheiten zu erörtern, können die Jäger vielleicht die Lösungen ihrer kleinen Rätsel erfahren.«
243. »Das Schicksal war nicht freundlicher zu ihm, als er es verdient. Der Anblick der Zerstörung von allem,was er für stark und großartig hielt, muß fast schon genug Strafe gewesen sein. Doch fürchte ich, daß ihn noch Schlimmeres erwartet.«
244. »Sind wir ausgeritten zum Sieg, um schließlich in Schrecken versetzt zu werden von einem alten Lügner mit Honig auf seiner gespaltenen Zunge? So würde der in der Falle gefangene Wolf mit den Hunden sprechen, wenn er könnte.«
245. »Ja. Wenn du auch die Schlüssel von Barad-dûr selbst hast, nehme ich an; und die Kronen von sieben Königen und die Stäbe der Fünf Zauberer und du dir ein Paar Stiefel besorgt hast, die fünf Nummern größer sind als die, die du jetzt trägst.«
246. »Er ist gewachsen oder so etwas Ähnliches. Er kann sowohl freundlicher als auch beängstigender, sowohl fröhlicher als auch feierlicher sein als früher, glaube ich. Er hat sich verändert, nur haben wir noch keine Gelegenheit gehabt, festzustellen, wie sehr.«
247. »Aber ich lasse es nicht gern dort, und das ist eine Tatsache. Es fällt mir schwer, mich von irgend etwas zu trennen, was ich aus dem Elbenland mitgebracht habe. Vielleicht hat Galadriel es sogar selbst gemacht.«
248. »Das ist Stich. Du hast ihn schon einmal gesehen. Laß los, oder du bekommst ihn diesmal zu spüren. Ich werde dir die Kehle durchschneiden.«
249. »Ich könnte ihnen vertrauen, daß sie freiwillig die Augen schließen, aber Augen werden zwinkern, wenn Füße stolpern. Führt sie so, daß sie nicht straucheln.«

250. »Wir rühmen uns selten und handeln dann oder sterben bei dem Versuch. ›Nicht, wenn ich es auf der Straße fände, würde ich dieses Ding nehmen‹, habe ich gesagt.«

Seht, wie sie rennen

251. Welchen Weg hatten Aragorn, Legolas und Gimli zu Fuß zurückgelegt, bevor sie Éomer trafen?
252. Wie hieß das Pferd, das Aragorn von den Rohirrim geliehen bekam, und wer war der vorherige Besitzer?
253. Welche Baumart diente als Tor zu Quellhall?
254. Wie hießen die drei ältesten lebenden Ents?
255. Welchen Namen bekam Gandalf von Grima Schlangenzunge?
256. Wie hoch war der Klammwall?
257. Wie viele Tage waren vergangen, seit Pippin und Merry von den Orks gefangen worden und wieder mit Aragorn, Legolas und Gimli zusammengetroffen waren?
258. Mit welcher Jahreszahl waren die Fässer mit Langgrundblatt, die Pippin in Isengart fand, versehen?
259. Wie lange, sagte Baumbart, würden die Ents Saruman bewachen?
260. Am vierten Abend, nachdem sie die Gemeinschaft verlassen hatten, kamen Sam und Frodo zu einer tiefen Spalte. Wie tief war sie?

Gefahren der Reise

261. Am fünften Tag, nachdem sich Gollum ihnen angeschlossen hatte, warteten Frodo und Sam in einer großen Grube darauf, daß es Nacht wurde. Was war auf dem Grund der Grube?
262. Was war Sams Name für die Männer aus dem Süden, die auf Olifanten ritten?
263. Wer war der letzte König von Gondor?
264. Wie hießen die beiden Männer, die Faramir zurückließ, um Frodo und Sam zu bewachen?
265. Welche Farbe hatten die Schärpen, mit denen Frodos und Sams Augen verbunden wurden?
266. Woraus waren die Stöcke, die Faramir Frodo und Sam schenkte?
267. Es gab zwei Treppenfluchten, die nach Cirith Ungol führten. Wie wurden sie genannt?
268. Wie hieß Kankras Lauer?
269. Wie hieß der Ork, den andere Orks aufgehängt, aber lebend in Kankras Lauer fanden?
270. Wohin ging der erste Streich, den Sam gegen Kankra mit Stich führte?

Der Herr der Ringe

Dritter Teil: Die Rückkehr des Königs

Sieben Sterne, sieben Steine, ein Weißer Baum

271. Auf wievielen Stufen war Minas Tirith erbaut?
272. Was bot Pippin Denethor als Gegenleistung dafür an, daß Boromir die Hobbits verteidigt hatte?
273. Bevor Gandalf zur Ratsversammlung der Herren ging, bat er Pippin um einen Gefallen. Um welchen?
274. Viele der Männer von Gondor nannten Pippin Ernil i Pheriannath. Was bedeutete diese Bezeichnung?
275. Wer kam den Reitern von Rohan nachgeritten?
276. Welche Botschaft sandte Elrond Aragorn?
277. Wie erfuhr Aragorn von der Gefahr Gondors aus dem Süden?
278. Was war der Eid, den die Menschen des Gebirges zur Zeit der Anfänge Gondors brachen?
279. Was war der Fluch, der die Eidbrecher verfolgte?
280. Was tat Aragorn am Stein von Erech?

Nun reitet! Reitet! Reitet nach Gondor!

281. Welches Symbol sandte Denethor zu Théoden von Rohan, um Gondors Hilferuf deutlich zu machen?
282. Welches Ereignis veranlaßte Théoden zu beschließen, daß es keinen Anlaß gab, den Zug seines Heeres nach Gondor zu verbergen?
283. Welche eine Bitte hatte Aragorn an Éowyn, bevor er sie verließ, um die Pfade der Toten zu beschreiten?
284. Als sich Théoden weigerte, Merry zu erlauben, ihn nach Minas Tirith zu begleiten, wer bot sich an, ihn zu verbergen und mitzunehmen?
285. Als Faramir nach Minas Tirith zurückkehrte, wurde er verfolgt. Wer versuchte, ihn aufzuhalten, und wer rettete ihn?
286. Denethor war wütend auf Faramir, weil dieser etwas nicht mitgebracht hatte. Was?
287. Die Orks stellten außerhalb von Minas Tirith große Katapulte auf. Welche Geschosse warfen diese?
288. Warum übernahm Gandalf den Befehl über die Verteidigung von Minas Tirith?
289. Wer ging durch die Stadt, um zu helfen, den Schrecken für eine kurze Weile zu verjagen?
290. Was beschloß Denethor zu tun, obwohl Faramir noch nicht tot war?

Herr des schwarzen Landes, komme hervor!

291. Was war der schwächste Punkt in der Mauer von Minas Tirith?
292. Während sie einen Tagesritt von Minas Tirith entfernt lagerten, hörte Merry Trommeln. Wessen Trommeln waren es?
293. Welche Unterstützung bot Ghân-buri-Ghân Théoden an?
294. Was wollte der Wilde Mensch als Gegenleistung?
295. Was fanden Théodens Späher, das ihn glauben ließ, daß Denethor nichts vom Ritt der Rohirrim wußte?
296. Was bewirkte der Wind, der vom Meer her blies?
297. Wer war der einzige, der stehenblieb, als der Herr der Nazgûl auf Théoden zukam?
298. Was geschah mit all den anderen, die zur Wache Théodens gehörten?
299. Wer tötete den Herrn der Nazgûl, der nicht von der Hand eines Mannes fallen konnte?
300. Wie starb Théoden?

Krieg ruft uns nun!

301. Wer kam von Süden in Schiffen mit schwarzen Segeln?
302. Wer stand allein an der Tür zu Denethors Gruft, um zu verhindern, daß Feuer daran gelegt wurde?
303. Obwohl Sauron den Willen Denethors nicht unterdrücken konnte, veranlaßte er ihn, große Verzweiflung zu fühlen und wahnsinnig zu werden. Wie?
304. Welche Verletzung erlitt Merry?
305. Was tat Aragorn, nachdem die Schlacht vorüber war, und was bewies dies dem Volk von Gondor?
306. Als die Toten mit den Haradrim am Großen Strom kämpften, gebrauchten sie weder Schwerter noch Speere. Welche Waffe hatten sie, der niemand widerstehen konnte?
307. Was geschah, um die Schiffe den Großen Strom hinauf zu treiben?
308. Warum benutzte Aragorn den Stein von Orthanc, um sich Sauron zu zeigen?
309. Was sagte Gandalf, daß Sauron denken werde, wenn sie aufbrechen und ihn angreifen würden?
310. Was befahl Aragorn, als einige seiner Mannen so sehr vom Schrecken ergriffen wurden, daß sie nicht weitergehen konnten?

Türme, stark und hoch

311. Als das Heer das Schwarze Tor erreichte, forderten sie Sauron auf, sich zu ergeben. Wer kam aus dem Tor, um ihnen zu antworten?
312. Was geschah, als Aragorn den Blick dieses Boten festhielt?
313. Welche Beweisstücke besaß der Bote, um sie ihnen zu zeigen?
314. Als der Bote zurück zum Tor floh, gab er ein Signal. Was geschah dann?
315. Wie wurde Pippin verletzt?
316. Was geschah gerade, als Pippin sein Bewußtsein verlor?
317. Als Sam den Turm von Cirith Ungol erblickte, erkannte er plötzlich, daß dessen Zweck nicht war, Feinde von Mordor fernzuhalten. Was war sein eigentlicher Zweck?
318. Wie kam Sam an den zwei Wächtern von Cirith Ungol vorbei?
319. Was taten sie, nachdem er an ihnen vorbei war?
320. Obwohl eine ganze Orkgarnison beim Turm von Cirith Ungol stationiert war, befreite Sam Frodo beinahe ohne Kampf. Warum?

Die Schicksalsklüfte

321. Was geschah mit dem Torweg, den die Wächter bewachten, als Sam und Frodo vom Turm von Cirith Ungol entkamen?
322. Wer war der erste, der den Alarm der Wächter beantwortete?
323. Was sagte Sam, worum er Galadriel bitten würde, wenn sie ihn hören könnte?
324. Wurde seine Bitte beantwortet?
325. Was geschah, nachdem Sam und Frodo eine Weile auf der Straße gegangen waren?
326. Wie entkamen Sam und Frodo dieser gefährlichen Lage?
327. Schließlich, am Fuße des Orodruin, verließen Frodo seine Kräfte, und er konnte nicht weitergehen. Was unternahm Sam?
328. Mit wem kämpften Frodo und Sam, als sie dann den Pfad zu den Schicksalsklüften angingen?
329. Was tat Frodo, als er die Schicksalsklüfte erreichte?
330. Welche Folgen hatte Frodos Tat für Sauron?

Der Ringträger hat seine Aufgabe vollbracht

331. Wie endete der Ring im Feuer?
332. Wie entkamen Sam und Frodo vom Orodruin, bevor sie von dem dahinschmelzenden Berg erfaßt wurden?
333. An welchem Tag wird das Neue Jahr in Gondor jetzt beginnen?
334. Welche Kleider hieß Gandalf Frodo und Sam tragen, um dem König zu begegnen?
335. Wer fand Pippin auf dem Schlachtfeld, und wie wurde er gefunden?
336. Drei Leute waren bei der Krönung von Aragorn beteiligt. Wer gab ihm die Krone? Wer brachte sie ihm? Und wer setzte sie auf seinen Kopf?
337. Welche Strafe gab der König Beregond, weil dieser an den Weihestätten Blut vergossen hatte?
338. Auf welchen Tag wartete Aragorn?
339. Am Hang des Berges Mindolluin fand Aragorn ein Zeichen der Hoffnung für das Reich von Gondor. Was war es?
340. Was sagte Arwen zu Frodo, was er an ihrer Stelle tun könnte?

Abschiede

341. Welches Geschenk gab Éowyn Merry zur Erinnerung an Dernhelm, als er sich vorbereitete, Edoras zu verlassen?
342. Wo kam das Ende der Gemeinschaft des Ringes?
343. Wohin gingen Legolas und Gimli und warum?
344. Wem begegneten die übriggebliebenen Mitglieder der Gemeinschaft am sechsten Tag, nachdem sie Aragorn verlassen hatten?
345. Zu welcher Feier erreichten die Hobbits und Gandalf rechtzeitig Bruchtal?
346. Warum mußten die Hobbits ihre Geschichten Bilbo dauernd wiederholen?
347. Welche Abschiedsgeschenke gab Bilbo Frodo, Sam, Merry und Pippin, als sie sich vorbereiteten, Bruchtal zu verlassen?
348. Gandalf hatte nicht die Absicht, mit den Hobbits ins Auenland zu gehen. Wohin ging er stattdessen?
349. Als die Hobbits an der Brandyweinbrücke anlangten, fanden sie ein verschlossenes Tor vor. Wer öffnete es?
350. Was befahl Merry dem »Tor-Öffner« dann zu tun?

Unruhen im Auenland

351. Als sich die Hobbits dem Dorf Froschmoorstetten näherten, fanden sie ihren Weg blockiert vor. Von wem und warum?
352. Was war die Reaktion der vier Hobbits darauf?
353. Warum gaben die Strolche in Wasserau Merry, Pippin und Sam den Weg frei?
354. Wie rief Merry das Auenland zu den Waffen?
355. Bevor Sam kampfbereit war, mußte er mit jemandem sprechen. Mit wem?
356. Wer brachte zuerst die Strolche ins Auenland und warum?
357. Als wer stellte sich Scharrer heraus?
358. Warum versuchte er, das Auenland zu zerstören?
359. Was sagte er Frodo voraus?
360. Als Lobelia Sackheim-Beutlin starb, hinterließ sie Frodo all ihr Geld. Wofür benutzte er es?

Das Ende der Gemeinschaft in Mittelerde

361. Was war das einzige, was Frodo als stellvertretender Bürgermeister tat?
362. Was unternahm Sam mit Galadriels Geschenk?
363. Was war das Ergebnis?
364. Was geschah mit Frodo an jedem 6. Oktober? Und an jedem 13. März?
365. Welchen Namen schlug Frodo für Sams erstes Kind vor?
366. Wohin gingen Elrond, Galadriel, Bilbo und Frodo an Bilbos Geburtstag?
367. Wen trafen sie dort?
368. Welche elbischen Schätze gingen mit ihnen?
369. Wer kam, um dann mit Sam zurückzureiten?
370. Was gab Frodo Sam, bevor sie sich trennten?

Wir müssen auf unserem eigenen Weg reiten

Wer sagte folgendes und bei welcher Gelegenheit?

371. »Doch obwohl alle Zeichen künden, daß Gondors Untergang nahe ist, bedeutet mir diese Düsternis weniger als meine eigene Düsternis.«
372. »Er ist kühn, kühner, als viele annehmen. Denn heutzutage fällt es den Menschen schwer zu glauben, daß ein Heerführer klug sein kann und bewandert in den alten Schriften der Lehre und des Liedes, wie er es ist, und dennoch ein Mann von Beherztheit und rascher Entscheidung auf dem Schlachtfeld.«
373. »Ich bin ganz und gar kein Krieger, und jeder Gedanke an die Schlacht mißfällt mir; aber auf eine Schlacht zu warten, der man nicht entgehen kann, ist am allerschlimmsten.«
374. »Wir müssen auf unserem eigenen Weg reiten, und nicht länger verborgen. Für mich ist die Zeit der Heimlichkeit vorbei. Ich will auf dem schnellsten Weg nach Osten reiten, auf den Pfaden der Toten.«
375. »Es ist ein weiter Weg, wenn man ihn laufen soll; aber laufen werde ich, wenn ich nicht reiten kann, und wenn ich mir die Füße ablaufe und Wochen zu spät komme.«
376. »Denn Boromir war mir treu und kein Zauberlehrling. Er hätte der Not seines Vaters gedacht und nicht vergeudet, was das Geschick gab.«
377. »Keine Gruft! Kein langer dumpfer Todesschlaf, einbalsamiert. Wir werden brennen wie die eingeborenen Könige, ehe je ein Schiff hierher segelte aus dem Westen.«
378. »Alter Narr! Das ist meine Stunde. Kennst du den Tod nicht, wenn du ihn siehst? Stirb jetzt und fluche vergebens!«
379. »Nun, Ihr müßt Euch entscheiden zwischen Befehl und Faramirs Leben. Und was den Befehl betrifft, so habt Ihr es, glaube ich, mit einem Verrückten zu tun, und nicht mit einem Herrn.«
380. »Ich bin keine Baumwurzel, Herr, und auch kein Beutel, sondern ein geschundener Hobbit. Das Mindeste, was Ihr tun könntet, um es wiedergutzumachen, ist, daß Ihr mir erzählt, was eigentlich los ist.«

Die Klagehäuser

Wer sagte folgendes und bei welcher Gelegenheit?

381. »Dich wird er davontragen zu den Klagehäusern, jenseits aller Dunkelheit, wo dein Fleisch verzehrt und deine verdorrte Seele nackt dem Lidlosen Auge überlassen werden soll.«
382. »Du stehst zwischen mir und meinem Herrn und Verwandten. Fort mit dir, wenn du nicht unsterblich bist! Denn ob du nun ein Lebender oder ein nicht toter Schatten bist, ich werde dich niederstrecken, wenn du ihn anrührst.«
383. »So sprachet Ihr, aber Hoffnung täuscht oft, und ich wußte damals nicht, daß Ihr ein voraussehender Mann seid. Doch doppelt beglückend ist unerwartete Hilfe, und niemals war ein Treffen von Freunden froher.«
384. »So! Du hast schon die Hälfte der Liebe meines Sohnes gestohlen. Jetzt stiehlst du mir auch die Herzen meiner Ritter, so daß sie mich zuletzt völlig meines Sohnes berauben.«
385. »Aber es ist die Art meines Volkes, daß wir zu solchen Zeiten so leicht dahinreden und weniger sagen, als wir empfinden. Wir fürchten, zu viel zu sagen. Deshalb fehlt uns das richtige Wort, wenn ein Scherz nicht am Platze ist.«
386. »Das Kraut ist besser, als ich dachte. Es erinnert mich an die Rosen von Imloth Melui, als ich ein Mädchen war, und kein König könnte etwas Besseres verlangen.«
387. »So ist es immer mit den Dingen, die die Menschen beginnen: es gibt Frost im Frühling oder Dürre im Sommer, und ihre Hoffnungen schlagen fehl.«
388. »Doch tief im Herzen unserer ganzen Sippe liegt die Meeressehnsucht, an die zu rühren gefährlich ist. Ach, diese Unglücksmöwen! Keinen Frieden werde ich wiederfinden unter Buche oder Ulme.«
389. »Aber um jeden Preis müssen wir sein Auge von seiner wahren Gefahr ablenken. Den Sieg können wir nicht mit Waffen erringen, aber mit Waffen können wir dem Ringträger die einzige Unterstützung bieten, wie gering die Aussichten auch sein mögen.«
390. »Gewiß, ist das der größte Witz in der ganzen Geschichte von Gondor: daß wir mit siebentausend ausreiten, kaum so

viel wie die Vorhut von Gondors Heer in den Tagen seiner Macht, um das Gebirge und das unzugängliche Tor des Schwarzen Landes anzugreifen!«

Ein Stück Elbenglas

Wer sagte folgendes und bei welcher Gelegenheit?

391. »Es braucht mehr, um einen König zu machen als ein Stück Elbenglas oder einen Pöbelhaufen wie diesen. Warum? Jeder Räuber aus den Bergen kann eine ebenso gute Gefolgschaft vorzeigen!«
392. »Ihr habt nichts von uns zu fürchten, bis Euer Auftrag erledigt ist. Doch sofern Euer Herz nicht zu neuer Einsicht gelangt ist, werdet Ihr und alle seine Diener dann in großer Gefahr sein.«
393. »Du bist ein Narr, daß du immer noch hoffst und dich plagst. Ihr hättet euch vor zwei Tagen hinlegen und schlafen können, wenn du nicht so hartnäckig gewesen wärst. Aber sterben wirst du sowieso, oder noch etwas Schlimmeres.«
394. »Aller guten Dinge sind drei, wenn du willst. Du wirst merken, daß ich nicht eine viel größere Last bin als damals, als du mich von Zirakzigil davongetragen hast, wo mein altes Leben ausbrannte.«
395. »Wie ich mich fühle? Na, ich weiß nicht, wie ich es sagen soll. Ich fühle mich, ich fühle mich . . ., ich fühle mich wie Frühling nach dem Winter, wie Sonne auf den Blättern; und wie Trompeten und Harfen und alle Lieder, die ich je gehört habe!«
396. »Denn Minas Ithil im Morgultal soll völlig zerstört werden, und wenn es auch in späterer Zeit gesäubert werden mag, so kann doch auf viele Jahre kein Mensch dort wohnen.«
397. »Viele Leute möchten im vorhinein wissen, was auf den Tisch gebracht wird; aber diejenigen, die sich abgemüht haben, um das Festmahl zu bereiten, wahren ihr Geheimnis gern; denn Staunen macht die Lobesworte lauter.«
398. »Das Dritte Zeitalter war meine Zeit. Ich war Saurons Feind; und mein Werk ist vollbracht. Ich werde bald gehen.«
399. »Nein, Ihr seid entschuldigt, was mich betrifft, Herr. Ihr habt den Abend gewählt; aber meine Liebe gilt dem Morgen. Und mein Herz ahnt, daß er bald für immer dahingehen wird.«
400. »Seit dem Tage, da Ihr vor mir aus dem grünen Gras der Höhen aufgetaucht seid, habe ich Euch geliebt, und diese

Liebe wird nicht nachlassen. Aber jetzt muß ich für eine Weile in mein eigenes Reich gehen, wo viel wiedergutzumachen und in Ordnung zu bringen ist.«

Geht in Frieden!

Wer sagte folgendes und bei welcher Gelegenheit?

401. »Ihr mögt recht haben. Aber diese Schlange hatte noch einen Zahn, glaube ich. Er hatte das Gift seiner Stimme, und ich vermute, daß er Euch, sogar Euch, Baumbart, überredet hat, da er Euer weiches Herz kennt.«
402. »Es ist traurig, daß wir uns erst am Ende treffen. Denn die Welt ändert sich: Ich spüre es im Wasser, ich spüre es in der Erde, und ich rieche es in der Luft. Ich glaube nicht, daß wir uns wiedersehen werden.«
403. »Das ist nur eine Teilwiedergutmachung; denn ihr habt mehr genommen, da wette ich. Immerhin, ein Bettler muß dankbar sein, wenn ein Dieb ihm auch nur ein Bröckchen seines Eigentums zurückgibt.«
404. »Ich fürchte, so könnte es mit meiner sein. Es ist keine wirkliche Rückkehr. Obwohl ich vielleicht ins Auenland komme, wird es mir nicht als dasselbe erscheinen; denn ich werde nicht derselbe sein.«
405. »Und was euch betrifft, meine lieben Freunde, so werdet ihr keine Hilfe brauchen. Ihr seid jetzt erwachsen; sehr stattlich geworden sogar; zu den Großen gehört ihr jetzt, und um keinen von euch habe ich mehr Angst.«
406. »Alle anderen haben wir hinter uns gelassen, einen nach dem anderen. Es scheint fast wie ein Traum zu sein, der langsam verging.«
407. »Seid doch nicht albern! Ich gehe hin, wohin ich will, und wann es mir paßt. Jetzt gehe ich zufällig in geschäftlichen Angelegenheiten nach Beutelsend, aber wenn du darauf bestehst, auch dahin zu gehen, dann ist das deine Sache.«
408. »Einst war er groß, von einer edlen Art, gegen die wir nicht wagen sollten, unsere Hand zu erheben. Er ist tief gesunken, und wir vermögen ihn nicht zu heilen; doch möchte ich ihn schonen in der Hoffnung, daß er doch noch Heilung findet.«
409. »Ich versuchte, das Auenland zu retten, und es ist gerettet worden, aber nicht für mich.«
410. »Ja, hier an den Ufern des Meeres kommt nun schließlich das Ende unserer Gemeinschaft in Mittelerde. Geht in Frieden!«

Die Klänge des Krieges

411. Wie hieß der Wall, der die Pelennor-Felder und Minas Tirith umgab?
412. Wie lange, sagte Pippin zu Beregond, wird es dauern, bis er »mündig« wird?
413. Welcher Truppe gehörte Beregond an?
414. Welche Farbe hatte das Banner, das Aragorn Halbarad am Stein von Erech aufzurollen bat?
415. Wie hieß der Reitende Bote von Denethor, der das Zeichen des Krieges zu Théoden brachte?
416. Wie hieß die Türe zu den Grüften von Gondor?
417. Wie war der Name des großen Rammbocks, der bei Minas Tirith benutzt wurde?
418. Warum wurde der Rammbock so benannt?
419. Wer allein unter den freien Pferden konnte dem Schrecken der Nazgûl widerstehen?
420. Woran erinnerte sich Merry, als er Ghân-buri-Ghân sah?

Wer und was

421. Wie hieß Théodens Bannerträger?
422. Was war die Standarte der Haradrim?
423. Als Aragorn athelas benutzte, um Faramir, Eowyn und Merry zu heilen, hatte es zu jeder Zeit einen anderen Geruch, wenn es in kochendes Wasser gelegt wurde. Wie waren die drei Wohlgerüche?
424. Wieviele große Schiffe von Umbar befanden sich bei Pelargir, als Aragorn angriff?
425. Wer führte die Späher der Heerführer des Westens auf dem Marsch zum Morannon an?
426. Wie hieß der Ork, den Sam auf der Treppe von Cirith Ungol erschreckte?
427. Welchen Ork brachte Schagrat am Ende des Kampfes zwischen den beiden Orkscharen beim Turm von Cirith Ungol um?
428. Was war die Losung, die Sam und Frodo benutzten, als Sam ging, um Vorräte im Turm zu suchen?
429. An welchem Tag erwachten Sam und Frodo, nachdem sie vom Schicksalsberg gerettet worden waren?
430. Was schenkte Arwen Abendstern Frodo, um ihm zu helfen, die Erinnerungen an die Dunkelheit zu mildern?

Der Herr der Ringe
Anhänge

Anhang A. Königreiche von Mittelerde

431. Wie heißen die zwei Königreiche, die von den Getreuen Numenórern in Mittelerde gegründet wurden?
432. Wer war der Hohe König der Getreuen, der beide Königreiche mit seinen Söhnen beherrschte?
433. Welche Elben-Gaben brachten die Getreuen nach Mittelerde?
434. Das Nördliche Königreich wurde nach Eärendur in drei Reiche geteilt. Welches war das einzige, in dem die Linie von Isildur fortdauerte?
435. Wer gab König Arvedui Nahrung und Obdach, als er vor der Macht Angmars nach Norden floh?
436. Wer war der Herr von Angmar?
437. Was geschah mit dem Schiff, das Arvedui rettete?
438. Das Nördliche Königreich endete, weil die Zahl der Dúnedain vermindert wurde, aber die Linie der Könige dauerte fort. Wie?
439. Was waren die vier Erbstücke der Könige, die in Bruchtal aufbewahrt wurden?
440. Was war der Grund für den Bürgerkrieg des Sippenstreites im Südlichen Königreich?

Anhang A. Aufzeichnungen der Weisen

441. Wer besiegte Eldacar während des Bürgerkriegs des Sippenstreites?
442. Wo suchten die Feinde des Königs Zuflucht nach dem Bürgerkrieg des Sippenstreites?
443. Was tötete während der Herrschaft von Telemnar diesen, seine Kinder und viele seines Volkes?
444. Welche Gruppe von Menschen griff das Südliche Königreich an und verwickelte es in einen Krieg von fast hundert Jahren?
445. Wem wurde die Krone des Südlichen Königreiches gegeben, nachdem der König und seine Söhne im Krieg erschlagen worden waren?
446. Wer erhob Anspruch auf die Krone, wurde aber abgewiesen?
447. Wie beschämte der Hexenkönig Eärnur?
448. Was wurde aus Eärnur, dem letzten König?
449. Wer herrschte an seiner Stelle?
450. Wer beherrschte das Südliche Königreich, nachdem die Herrschaft von den Königen abgegeben worden war?

Anhang A. Wer, was und wann

451. Welcher Truchseß gab Saruman die Schlüssel von Isengart?
452. Als Belecthor II. starb, was starb ebenfalls und konnte nicht erneuert werden?
453. Bei welchem Ratschlag, den sie Ecthelion gaben, stimmten Thorongil und Denethor nicht überein?
454. Wer waren Aragorns Eltern?
455. Warum ließ das meara Mannsfluch – oder Felaróf – Eorl auf sich reiten?
456. Worüber diskutierten Helm Hammerhand und Freca bis zu Frecas Tod?
457. Wer führte vier Jahre später einen Angriff auf Rohan und setzte sich selbst als König ein?
458. Warum ging Helm unbewaffnet unter seine Feinde?
459. Wer waren Théodens Eltern, und woher stammte seine Mutter?
460. Welches Geschenk erneuerte Elessar, und was erneuerte Éomer seinerseits?

Anhang B. Legenden der Zeitalter

461. Womit endete das Erste Zeitalter?
462. Womit endete das Zweite Zeitalter?
463. Wann endete das Dritte und wann begann das Vierte Zeitalter?
464. Im Jahre 1436 kam König Elessar nach Norden zur Brandyweinbrücke. Was für ein Geschenk gab er Sam?
465. Nachdem Rose gestorben war, verließ Sam das Auenland. Wohin ging er?
466. Was gab Sam Elanor, bevor er sie verließ?
467. Wer sandte nach Meriadoc, als dieser 102 Jahre alt war?
468. Wer ging mit Meriadoc, um nie wieder im Auenland gesehen zu werden?
469. Wessen Leichen wurden neben König Elessar gelegt?
470. Nachdem König Elessar gestorben war, segelte Legolas über das Meer. Wer ging, wie verlautet, mit ihm?

Das Silmarillion

Vom Anbeginn der Tage

471. Welchen der Valar haßte und fürchtete Melkor am meisten?
472. Wer schuf die Zwei Bäume von Valinor?
473. Wer waren die Kinder Iluvatars? Wer waren die Erstgeborenen?
474. Wer zerstörte alle Werke der Valar in Mittelerde und warum?
475. Warum wurden die Zwerge erschaffen?
476. Welche ihrer Schöpfungen liebte Yavanna am meisten? Wen erschuf sie, um sie zu schützen?
477. Was machten die Valar mit Melkor, nachdem er gefangen worden war?
478. Wie wurden die Elben, die mit Oromë zogen, genannt?
479. Wie verwandelte Ulmo die Furcht der Elben vor dem Meer in Sehnsucht?
480. Warum haßte Melkor die Elben?

Die Verdunkelung

481. Warum ließen die Valar Melkor frei?
482. Was geschah mit sterblichem Fleisch oder etwas Bösem, das die Silmaril berührte?
483. Wie wurde Fëanor bestraft, als er sein Schwert gegen einen Verwandten gezogen hatte?
484. War Fëanor einverstanden, Yavanna die Silmaril zu geben?
485. Welche Diener Melkors retteten ihn vor Ungolianth?
486. Was machte Melkor mit den Silmaril?
487. Welchen Eid leisteten Fëanor und seine sieben Söhne, die das Ewige Dunkel auf sich herabriefen, wenn sie den Eid nicht halten würden?
488. Was war der Grund für den Sippenmord von Alqualonde?
489. Welcher von den Söhnen Finwes kehrte nach Valinor zurück, nachdem Mandos den Spruch der Noldor verkündet hatte?
490. Worin erfüllte sich die Weissagung?

Überlieferung aus alter Zeit

491. Wie hieß der Wohnsitz, den die Zwerge für Thingol bauten?
492. Gegen wen kämpften die Sindar in der Ersten Schlacht der Kriege von Beleriand?
493. Was war Melians Gürtel?
494. Woraus erschuf Varda Sonne und Mond?
495. Welche zwei Völker kämpften in der Zweiten Schlacht der Kriege von Beleriand?
496. Maedhros war mit einem Stahlband um sein Handgelenk an Thangorodrim gefesselt. Wer befreite ihn und wie?
497. Bevor Turgon nach Gondolin ging, wies Ulmo ihn an, etwas in Nevrast zurückzulassen.Was und warum?
498. Wer war der erste der Noldor, der Menschen entdeckte?
499. Was war Amlachs Streit mit Morgoth?
500. Was gab Finrod Felagund Barahir als ein Zeichen von Unterstützung und Freundschaft?

Der verborgene König

501. Wer ging nach Angband und forderte Morgoth heraus?
502. Wer hinderte Morgoth, die Leiche dieser Person den Wölfen vorzuwerfen?
503. Wie kamen Húrin und Huor nach Gondolin?
504. Wie nahm Sauron Gorlim gefangen?
505. Was verriet Gorlim Sauron?
506. Warum aß Beren kein Fleisch?
507. Was befahl Thingol Beren, ihm zu bringen, bevor er Lúthien heiraten könnte?
508. Wessen Hilfe nahm Beren bei seiner Aufgabe in Anspruch?
509. Wen bat Lúthien um Hilfe zur Rettung von Beren, und was tat dieser ihr an?
510. Wie oft konnte Huan, der Hund, vor seinem Tod mit Worten reden?

Geschichten von Leid

511. Wer half Lúthien, aus Nargothrond zu fliehen?
512. Was geschah, als der Werwolf von Sauron kam, um Beren zu fressen?
513. In welcher Gestalt kämpfte Sauron gegen Huan? Wer siegte?
514. Wer war Huans Herr in Mittelerde, und wann kündigte dieser seinen Dienst?
515. Was geschah, als Beren den Silmaril in die Hand nahm?
516. Was geschah, als Beren den Silmaril Carcharoth hinhielt?
517. Was machte der Silmaril mit Carcharoth?
518. In dem Kampf von Carcharoth und Huan erschlug Huan Carcharoth, aber sein eigenes Schicksal war erfüllt. Was war Huans Schicksal?
519. Worum bat Lúthien Beren, bevor er starb?
520. Welche Möglichkeit, die ihr Manwë anbot, wählte Lúthien?

Das Schicksal liegt in dir selbst

521. Was war der Verrat von Ulfang?
522. Warum wollten Húrin und Huor, daß Turgon aus der Schlacht floh?
523. Wohin sandte Morwen, Húrins Frau, ihren Sohn Túrin zur Erziehung?
524. Wo war die Wohnung von Mîm, wo Túrin später weilte?
525. Warum erschlug Túrin Beleg?
526. Was geschah, als Túrin Glaurung in die Augen schaute?
527. Wer war Níniel, Túrin Turambars Frau?
528. Was tat Níniel, als sie herausgefunden hatte, wer sie war?
529. Wie starb Túrin?
530. Wofür, sagte das Schwert Gurthang, müsse es sich an Túrin rächen?

Elben und Menschen

531. Wer nahm Morgoths Schleier von Húrins Augen?
532. Was gab Húrin Thingol als Erinnerungsstück an ihn?
533. Wie bekam Húrin das Zeichen, das er Thingol gab?
534. Wie wollte Thingol Húrins Geschenk umarbeiten lassen?
535. Was geschah, als die Arbeit vollendet war?
536. Was fand Tuor in Vinyamar?
537. Warum führte Voronwë Tuor nach Gondolin?
538. Welchen Ratschlag von Ulmo brachte Tuor Turgon?
539. Die Ehe von Beren und Lúthien war die erste Ehe zwischen Elben und Menschen. Wessen Ehe war die zweite?
540. Wer verriet Gondolin an Morgoth?

Der Krieg des Zorns

541. Was versprach Morgoth Maeglin?
542. Wie entkamen einige des Volkes von Gondolin?
543. Warum wollte Eärendil Valinor finden?
544. Was verfügte Manwë für Eärendil, Elwing und ihre Söhne?
545. Eärendil wurde nicht erlaubt, nach Mittelerde zurückzukehren. Was war die Aufgabe, die Manwë ihm gab?
546. Was taten die Valar als Antwort auf Eärendils Gesuch?
547. Was geschah, als der erschlagene Ancalagon auf Mittelerde fiel?
548. Wohin brachten die Valar Melkor?
549. Was geschah mit dem Antlitz der Erde nach der Großen Schlacht?
550. Was geschah mit den drei Silmaril?

Elben, Zwerge und Balrogs

551. Welcher der Eldar erschaffte die ersten Schriftzeichen?
552. Wie hieß die Perle, so groß wie ein Taubenei, die Thingol den Zwergen von Belegost gab?
553. Wie hieß Eärendils Schiff?
554. Wieviele Male verwundete Fingolfin Morgoth?
555. Was war der Name für Sauron in Sindarin?
556. Was war ein anderer Name für die Balrogs?
557. Wieviele Männer wollten mit Finrod Felagund gehen, um Beren zu helfen?
558. Wie hießen die zwei Lampen, die Aulë errichtete, um Mittelerde zu erhellen?
559. Wie wurde die zweite Schlacht von den Kriegen Beleriands genannt?
560. Welcher Name wurde Cabed-en-Aras gegeben, nachdem Nienor dort in den Tod gesprungen war?

Akallabêth

561. Was wurde den Edain für deren Treue im Kampf gegen Morgoth gegeben?
562. Wer war der erste König der Dúnedain?
563. Was war der Bann der Valar?
564. Wie unterschieden sich die Männer des Königs und die Getreuen?
565. Von wem, den er anstatt Eru anbeten sollte, überzeugte Sauron Ar-Pharazôn?
566. Was unternahm Isildur, als er erfuhr, daß der König die Absicht hatte, den Weißen Baum abhauen zu lassen?
567. Welche Vorbereitungen traf Elendil auf Amandils Geheiß?
568. Was geschah mit Aman, als Ar-Pharazôn es als sein Eigentum beanspruchte?
569. Was tat Iluvatar mit Númenor?
570. Wer entkam der Verheerung durch die Gnade der Valar?

Die Wesen von Mittelerde

Aragorn

571. Mit welchem Namen wurde Aragorn Frodo vorgestellt?
572. Wie wurde er in Bruchtal und von Bilbo genannt, und was war dessen Bedeutung?
573. Wie alt war Aragorn, als er starb?
574. Wo wurde Aragorn aufgezogen?
575. Welcher Name wurde ihm gegeben, um seine Abstammung vor Sauron zu verbergen?
576. Elrond würde nicht erlauben, Arwen mit Aragorn zu verheiraten, wenn dieser nicht was wurde?
577. Wie hieß Aragorns einziger Sohn und Erbe?
578. Wie wurde das Königreich, über das Aragorn herrschte, genannt?
579. Welches Namens bediente sich Aragorn in Gondor unter dem Truchseß Ecthelion II., Vater von Denethor?
580. Aragorn wählte für den Namen seines Hauses die Quenya-Lesart seines Namens aus Frage 571. Wie lautet dieser Name in der Hochsprache?

Bilbo Beutlin

581. Wie fand Bilbo den Ring?
582. Was ließ Bilbo beschließen, auf die Abenteuerfahrt zu gehen?
583. Wodurch fühlte Bilbo sich viel wilder und kühner?
584. Wie entkam Bilbo den Waldelben?
585. Was tat Bilbo am Anfang der Schlacht der Fünf Heere?
586. Was geschah mit Bilbo, als die Adler zur Unterstützung der Gesellschaft zur Schlacht der Fünf Heere kamen?
587. Bilbo wollte nichts von Thorins Schatz, aber schließlich war er damit einverstanden, doch etwas zu nehmen. Was nahm er?
588. Was war geschehen, als Bilbo in Beutelsend ankam?
589. Bilbo verließ Beutelsend an seinem einundelfzigsten Geburtstag. Wohin ging er?
590. Wozu benutzte er den Zauberring, während er in Beutelsend lebte?

Bilbos Geburtstag

591. Wann hatte Bilbo Geburtstag?
592. Wie alt war Frodo an Bilbos einundelfzigstem Geburtstag?
593. An welchem Wochentag war Bilbos einundelfzigster Geburtstag?
594. An Bilbos Geburtstag gab es Hunderte von Knallbonbons, die das Zeichen ihres Herstellungsortes trugen. Wo wurden diese Knallbonbons gefertigt?
595. Wieviele Hobbits wurden zu dem besonderen Familienfestmahl eingeladen?
596. Warum wurde diese Anzahl gewählt?
597. Es wurde ein besonderes Feuerwerk als Zeichen zum Abendessen benutzt. Wie sah es aus?
598. In welcher Tintenfarbe wurden die prachtvollen Einladungen geschrieben?
599. Wer war für das Feuerwerk zuständig?
600. Was war Bilbos KUNDGEBUNG?

Tom Bombadil

601. Wer war Toms Frau?
602. Was sagte sie, als Frodo sie fragte, wer Tom wäre?
603. Was brachte Tom die Weidenwinde herunter, wo Frodo ihn fand?
604. Warum regnete es an dem ersten Morgen, den die Hobbits bei Tom Bombadil verbrachten?
605. Warum schwang Tom seine Arme über dem Kopf, während er durch den Regen ging?
606. Wer, sagte Tom, war er?
607. Wie lange war Tom schon in Mittelerde?
608. Tom wußte eine Menge über das Auenland. Wem verdankte er die Neuigkeiten?
609. Was geschah, als Tom den Ring über seinen Finger streifte?
610. Elben, Zwerge und die Menschen des Nordens hatten alle ihre eigenen Namen für Tom Bombadil. Was waren diese Namen?

Ehrliche Bekämpfer wilder Feinde

611. Wer war der alte Mann mit buschigen Augenbrauen, einem spitzen, blauen Hut, langem, grauem Mantel und einem langen, weißen Bart?
612. Wer war der riesige Mann mit dickem, schwarzem Bart und Haar, großen, entblößten Armen und Beinen mit sehnigen Muskeln, der ein wollenes, bis zu seinen Knien reichendes Gewand trug?
613. Wer ist der Mann mit hellen, blauen Augen und einem langen, braunen Bart, einem roten Gesicht, bedeckt mit Lachfältchen, großen, gelben Stiefeln und einem blauen Rock?
614. Wer war der große Mann, dunkelhaarig und grauäugig, mit einem ernsten Gesicht, er trug eine silberne Halskette, in der ein einziger weißer Stein eingesetzt war?
615. Wer war das: vierzehn Fuß hoch mit einem großen Kopf und beinahe keinem Nacken, langen siebenzehigen Füßen und einem schwungvollen, buschigen grauen Bart, ernsten Augen und einer tiefen, tiefen Stimme?
616. Wer war der große Mann, gebeugt vom Alter, mit langem, geflochtenem, weißem Haar unter einer goldenen Krone, in die ein einzelner Diamant eingefaßt war, einem schneeigen Bart und scharfen Augen?
617. Wer war der kauernde, rauhe Mensch mit einem dünnen Bart, kurzbeinig und dickarmig?
618. Wer trug ein silbernes Halstuch?
619. Wer war mit Gras um die Taille bekleidet?
620. Wer trug ein großes Horn mit silbernem Mundstück?

Zwerge

621. Ungleich den Elben und Menschen wurden die Zwerge nicht einzig und allein von Eru erschaffen. Wer hatte sonst noch bei ihrer Schöpfung seine Hand im Spiel?
622. Wie hieß die größte Stadt der Zwerge?
623. Welche Entdeckung machte die Zwerge so sagenhaft reich?
624. Wer waren die Todfeinde der Zwerge?
625. Welchen Waffentyp benutzten sie gewöhnlich?
626. Wer war der älteste und am meisten königliche der Sieben Väter?
627. Wer gab Gandalf den Schlüssel von Erebor? (Später wurde er Thorin & Co. für ihre Expedition gegeben.)
628. Welcher Zwerg bat Galadriel kühn um eine Locke ihres Haares?
629. Die Zwergensprache war eine geheime Sprache, die sie nur untereinander benutzten. Wie wurde sie genannt?
630. Was war der elbische Name für die Zwerge?

Mehr über Zwerge

631. Warum wurden die Erben Durins, die wie er aussahen, auch Durin genannt?
632. Worin begruben Zwerge ihre Toten?
633. Was geschah mit den vielen Toten in der Schlacht von Azanulbizar?
634. Wer war die einzige Zwergenfrau, die mit Namen genannt wurde?
635. Warum wurden die Zwergenfrauen nicht erkannt, wenn sie auf eine Reise gingen?
636. Wieviele Zwergenmänner nahmen sich Frauen?
637. Wovon wurde Gimli Herr nach dem Fall von Sauron?
638. Woraus fertigte Gimlis Volk die neuen Tore von Minas Tirith?
639. Welcher Zwerg führte während des Ringkrieges die Verteidigung von Erebor und Thal?
640. Welcher Zwerg besuchte Bilbo nach der Expedition zum Erebor?

Elben

641. Elben schliefen nicht. Was taten sie stattdessen?
642. Elben liebten alle schönen Dinge, aber was besonders?
643. Wenn die Elben der Gefahren von Mittelerde müde wurden, wohin gingen sie dann?
644. Wer war der Erbauer der Schiffe, die von den Grauen Anfurten her seit dem Ersten Zeitalter segelten?
645. Welcher Noldor-Elb schuf die Silmaril?
646. Wie wurde jedes der drei Völker der Eldar genannt?
647. Wer war der mächtigste und edelste Elb in Mittelerde im Dritten Zeitalter?
648. Wie hießen die drei ersten Besitzer der Drei Ringe?
649. Wer war der größte König der Grauelben während des Ersten Zeitalters?
650. Welche Sindarin-Prinzessin half Beren, einen der Silmaril wiederzuerlangen?

Mehr über Elben

651. Warum gaben Elben selten Ratschläge, wie zum Beispiel Gildor Inglorion?
652. Wer war der einzige Elb des Ersten Zeitalters, der wie ein Mensch starb?
653. Wer galt als der Weiseste der Elben von Mittelerde und machte Geschenke, die mächtiger waren als Könige?
654. Welche Geschöpfe wurden zum Gespött der Elben geschaffen?
655. Welcher der Peredhil, der Halbelben, wollte der elbischen Rasse angehören?
656. Wer waren die ersten drei Elben, die jemals nach Valinor gingen?
657. Welche Elben-Art gehört zu welchem Namen?

A. Vanyar	a. Elben der Dunkelheit
B. Noldor	b. Elben des Zwielichts
C. Moriquendi	c. Schönelben
D. Sindar	d. Grünelben
E. Laiquendi	e. Tiefelben

658. Warum hatte Fëanor weder ein Begräbnis noch ein Grab?
659. Wie wurden Elben, die niemals zum Segensreich gingen, genannt?
660. Wie hieß die Gruppe der Elben, die von Manwë und Varda geliebt wurde?

Ents

661. Was waren Ents?
662. Warum gab es nur noch so wenige Ents?
663. Was war Entthing, und wo war es?
664. Welche Kreaturen erschuf der Feind zum Gespött der Ents?
665. Wie schliefen Ents, und was aßen sie?
666. Pfeile und Gift konnten Ents kein Leid zufügen, aber wodurch konnten sie dennoch ernstlich verwundet werden?
667. Wie zerstörten Ents Felsen?
668. Welcher Ent fing Feuer in Isengart und brannte wie eine Fackel?
669. Wie nannte Baumbart Isengart, nachdem es urbar gemacht worden war?
670. Baumbart wollte von Merry und Pippin, daß sie ihm Neuigkeiten schickten, wenn sie etwas hörten. Was?

Gandalf der Graue

671. Als Gandalf nach Mittelerde kam, wurde ihm einer der Drei Ringe überlassen. Wer gab ihn ihm, und welchen der Drei Ringe hatte er?
672. Wie hieß Gandalf ursprünglich?
673. In Khazad-dûm wurde Gandalf getötet. Wie war er verändert, als er nach Mittelerde zurückkehrte?
674. Wie verteidigte Gandalf die Gemeinschaft des Ringes vor den Wargen in der Nähe des Caradhras?
675. Was wollte Saruman, daß Gandalf ihm erzählen sollte?
676. Was tat Saruman, als Gandalf sich weigerte?
677. Was tat Gandalf mit dem Bier von Gerstenmann Butterblume und warum?
678. Das zweite Mal, als Gandalf nach Dol Guldur ging, um zu entdecken, wer der Geisterbeschwörer war, fand er einen anderen und etwas wurde ihm übergeben. Wen und was?
679. Warum unterstützte Gandalf die Expedition nach Erebor?
680. Von welcher Rasse war Gandalf, und von wem lernte er Mitleid und Geduld?

Gollum

681. Wer fing Gollum schließlich für Gandalf?
682. Wozu benutzte Gollum den Ring, während er noch bei seiner Familie wohnte?
683. Wie hieß er ursprünglich, und wie kam er dazu, Gollum genannt zu werden?
684. Wie bekam er den Ring?
685. Gollum verließ seine Höhle, um Frodo zu verfolgen. Wohin glaubte Gandalf, daß Gollum gelangte, bevor Aragorn ihn fing?
686. Was tat Gandalf mit Gollum, nachdem er ihn verhört hatte?
687. Welche Nachrichten über Gollum verkündete Legolas beim Rat von Elrond?
688. Wie gelangte Gollum den Abgrund im Emyn Muil hinunter (kurz bevor Sam ihn fing)?
689. Wie nannte Sam Gollum und warum?
690. Gollum führte Frodo und Sam zum Paß von Cirith Ungol. Was war dort, wovor er sie nicht warnte, und warum warnte er sie nicht?

Hobbits

691. Warum trugen Hobbits keine Schuhe?
Welche der in Frage 692, 693, 694 genannten Rassen von Hobbits gehörte zu welcher der genannten Gegend, und zu welchem Völkertypus gesellten sie sich jeweils am meisten:

A. Flachland	a. Zwerge
B. Wälder	b. Elben
C. Hochland	c. Menschen

692. Die Falbhäute?
693. Die Harfüße?
694. Die Starren?
695. Welcher Hobbitrasse wuchsen Bärte?
696. Welche zwei Farben bevorzugten die Hobbits am meisten?
697. Wie lange lebte der am längsten lebende Hobbit?
698. Wie hießen die beiden größten Hobbits, und warum waren sie so groß?
699. Wer war der Starre, der den Einen Ring an einem Flußufer bei den Schwertelfeldern fand?
700. Gollum war ein Starre. Wie war sein ursprünglicher Name?

Mehr über Hobbits

701. Was waren Mathoms?
702. Welche Fenster- und Türformen bevorzugten sie?
703. Warum gebührte der Familie Tuk eine besondere Achtung?
704. Wie oft wurde der Bürgermeister von Michelbinge gewählt?
705. Welche anderen Ämter waren mit dem Bürgermeisteramt verbunden?
706. In welchem Alter wurden die Hobbits mündig?
707. Welche Familie der Hobbits war äußerst anstößig und gierig?
708. Wer war der einzige unter den Weisen, der sich mit Hobbitkunde befaßte?
709. Von welcher der drei Rassen der Hobbits waren die beiden Gründer des Auenlandes?
710. In welcher Beziehung unterschieden sich die Bockländer von den anderen Hobbits des Auenlandes?

Berühmte Hobbits

711. Wer lichtete die Reihen der Orks des Berges Gram in der Schlacht von Grünfeld?
712. Wer zog das erste echte Pfeifenkraut im Auenland?
713. Wer war als der Ohm bekannt, und was war seine Arbeit?
714. Wer waren Frodos Eltern?
715. Wie hießen die beiden Gründer des Auenlandes?
716. Wer erbaute Brandyschloß und änderte den Namen in Brandybock?
717. Wer war der erste Auenland-Thain?
718. Welches Hobbitmädchen wurde zu einer Ehrenjungfrau Königin Arwens ernannt?
719. Wer wurde der erste Verwalter der Westmark und auf wessen Bitte?
720. Wer war der erste Hobbit, der von den Strolchen gefangengenommen wurde?

Namen

Welcher Name gehört zu welcher Art des Volkes oder Tieres, das er darstellt?

721. Carc	a. Hobbit
722. Azog	b. Drache
723. Tulkas	c. Elb
724. Meneldor	d. Rabe von Erebor
725. Thranduil	e. Vala
726. Déagol	f. Ork
727. Bill Huggins	g. Zwerg
728. Radagast	h. Adler des Nebelgebirges
729. Borin	i. Istari
730. Scatha	j. Troll

Mehr Namen

Welche Person hat welchen anderen Namen?

731. Aragorn	a. Thorongil
732. Gollum	b. Baumbart
733. Tom Bombadil	c. Curunir
734. Fangorn	d. Sméagol
735. Sauron	e. Elessar
736. Gandalf	f. Olórin
737. Saruman	g. Iarwain Ben-adar
738. Éowyn	h. Streicher
739. Gimli	i. Lockenträger
740. Gríma	j. Schwarze Hand
	k. Trahald
	l. Orald
	m. Schlangenzunge
	n. Geisterbeschwörer
	o. Dernhelm
	p. Mithrandir

Die Ringgeister

741. Wieviele Ringgeister gab es?
742. Wie wurden sie Diener Saurons?
743. Wie lange waren die Ringgeister versklavt?
744. Wie hieß das Königreich des Herrn der Nazgûl?
745. Wie hieß die Schlacht des Ringkrieges, in der der Herr der Nazgûl vernichtet wurde?
746. Aus welchem Grund sandte Sauron im Dritten Zeitalter 3018 die Nazgûl zum Auenland?
747. Wo kämpften Frodo und der Herr der Nazgûl?
748. Was waren die einzigen Waffen, die die Ringgeister verwunden konnten?
749. Wann war ihre Macht am stärksten?
750. Wie wurde der Rest der Ringgeister schließlich vernichtet?

Sauron

751. Was verursachte den Krieg der Elben gegen Sauron?
752. Wie hieß Saurons Festung, und wo war sie?
753. Von welcher Rasse war Sauron?
754. Was geschah mit Sauron beim Untergang von Númenor?
755. Wie machte Sauron Sarumans Willen sich untertan?
756. Unter welchem Namen hielt nach den ersten tausend Jahren des Dritten Zeitalters Sauron seine wahre Identität geheim und trieb er seine Bosheiten?
757. Im Ersten Zeitalter nahm Sauron Beren, Barahirs Sohn, gefangen und warf ihn in die Kerker von Tol-in-Gaurhoth. Wer bekämpfte Sauron, um Beren zu retten?
758. Im Zweiten Zeitalter 3262 führte Ar-Pharazôn, der König von Númenor, seine Armeen gegen die von Sauron und befahl Sauron, ihm Treue zu schwören. Was tat Sauron?
759. Welche List benutzte Sauron, um das Volk von Númenor zu überzeugen, daß die Valar ihnen etwas vorenthielten?
760. Wer war Saurons Herr im Ersten Zeitalter?

Eheleute

Wer war mit wem verheiratet?

761. Galadriel	a. Vána
762. Faramir	b. Celeborn
763. Arwen	c. Eärendil
764. Beren	d. Éomer
765. Manwë	e. Éowyn
766. Melian	f. Lúthien
767. Elwing	g. Varda
768. Elrond	h. Celebrían
769. Lothíriel	i. Thingol
770. Oromë	j. Aragorn

Rassen

Welche Beschreibung gehört zu welchem Volk?

771. Sechs Fuß groß, schlank, anmutig, aber stark, scharfe Ohren und Augen.
772. Viereinhalb bis fünf Fuß groß, breit, stark und hart. Sehr stolz.
773. Groß, dunkelhäutig, schwarze Haare und Augen, helle Kleidung und Verzierungen.
774. Groß, blond, ein schönes Gesicht, stark sogar im hohen Alter. Die besten Reiter.
775. Groß, dunkles Haar, graue Augen. Große Weisheit und Scharfsinn besitzend.
776. Klein, untersetzt, krummbeinig, lange Arme, dunkle Gesichter, schielende Augen, lange Reißzähne.
777. Groß, dunkle Gesichtsfarbe, dunkles Haar, primitiv, ohne Kultur, leichtgläubig.
778. Riesig, stark, häßlich, stumpfsinnig. Verwandeln sich im Sonnenlicht zu Stein.
779. Die Gestalt von alten Männern, große Mächte von Stäben gelenkt, jeder hatte eine Farbe.
780. Klein, von guter Natur, lederartige Füße, schlaue Augen, schnell mit dem Lachen, gastfreundlich.

a. Dúnedain
b. Dunländer
c. Zwerge
d. Elben
e. Haradrim
f. Hobbits
g. Orks
h. Rohirrim
i. Trolle
j. Zauberer

Die Valar

781. Wer waren die Valar?
782. Wie hießen die beiden größten Valar?
783. Eine der Maiar (niedere Valar) heiratete einen Elbenkönig. Wie hießen die beiden?
784. Welcher der Valar war das erste Opfer des Bösen?
785. Der böse Vala beging eine Tat, die den Zorn der Noldor auf ihn brachte. Was tat er?
786. Die Valar sandten Boten nach Mittelerde, um gegen das Böse zu arbeiten, aber ohne ihre ehrfurchtgebietenden Kräfte. Von welcher Rasse waren die Boten?
787. Wo wohnten die meisten Valar?
788. Welcher Vala kam regelmäßig nach Mittelerde?
789. Wie standen die Valar dem Freien Volk in seinem Kampf gegen das Böse bei?
790. Wo wohnten die beiden größten Valar?

Mehr über die Valar

Welcher Vala hatte welche Besonderheit?

791. Manwë	a. Herr des Wassers
792. Ulmo	b. Spenderin der Früchte
793. Aulë	c. Herrin des Mitleids und der Trauer
794. Mandos	d. Herrscher von Arda, Herr der Winde
795. Varda	e. Herrin der Gestirne
796. Yavanna	f. Der Jäger
797. Nienna	g. Rast
798. Oromë	h. Herr des auf Arda Befindlichen
799. Vairë	i. Die Weberin
800. Estë	j. Besitzer der Häuser der Toten

Zur Topographie von Mittelerde

Gasthäuser

801. Wie hieß das Gasthaus an der Wasserauer Straße, wo der alte Ohm seine Reden schwang?
802. Welches Gasthaus des Ostviertels hatte das beste Bier?
803. Wie hieß das Gasthaus in Bree, wo die Hobbits wohnten?
804. Wie hieß das Gasthaus in Froschmoorstetten, das von Scharrers Männern geschlossen wurde?
805. Wie hieß das Wirtshaus in Wasserau, bei dem ein halbes Dutzend Menschen wartete, um den vier Hobbits aufzulauern?
806. Wie hieß das Gasthaus an der Großen Oststraße bei der Brandyweinbrücke?
807. Wie hieß das Gasthaus eine Tagesreise östlich von Bree an der Großen Oststraße? Niemand hatte die Straße nach diesem Gasthof vermessen.
808. Welches Gasthaus führte Gerstenmann Butterblume?
809. In der Wirtsstube von welchem Gasthaus machte Frodo sein aufsehenerregendes Verschwindungskunststück?
810. In welchem Gasthaus erwartete Thorin Eichenschild Bilbo am Tage ihrer Abreise?

Wälder

811. Aus welchem Wald holte Eärendil das Holz für sein Schiff, mit dem er über das Meer segelte?
812. Was war der Wachtwald?
813. Wie hieß der Wald zwischen den Flüssen Teiglin und Sirion?
814. In welchem Wald lebten die Ents, und nach wem wurde er genannt?
815. Wie hieß der große Wald östlich des Anduin, bevor der Schatten auf ihn fiel?
816. Der Wald in Frage 815 wurde umbenannt, als das Böse sich ansiedelte, und wieder nach seiner Reinigung. Was waren diese zwei Namen?
817. Wie hieß der dichte Wald, der den südlichen Teil von Doriath bildete?
818. Wie hieß der Wald östlich des Flusses Celon, in dem Elwë (Thingol) Melian traf?
819. König Elessar gab einer Gruppe von Menschen einen Wald in Anórien für ihre Hilfe im Ringkrieg. Welcher Wald war das, und wem wurde er gegeben?
820. Wie hieß der östlich des Bocklandes gelegene unfreundliche Wald, wo die Bäume keine Fremden mochten?

Moria

821. Was war der Zwergen-Name für Moria?
822. Wie hieß der Fluß, dem die einzige Straße nach Moria folgte?
823. Welches Wort öffnete das Westtor von Moria?
824. Welches wertvolle Metall konnte nur in Moria gefunden werden?
825. Welches Lebewesen befreiten die Zwerge bei ihren Grabungen?
826. Die Zwerge verließen Moria, nachdem sie dieses Lebewesen entdeckt hatten. Wer kam, um in Moria zu leben, nachdem sie es verlassen hatten?
827. Was war der Grund für den Krieg, der in der Schlacht von Azanulbizar am Tor von Moria gipfelte?
828. Welcher Zwerg von Thorin & Co. führte später eine Expedition zur Wiederbesiedelung nach Moria?
829. In welcher Kammer von Moria war das Grab dieses Zwerges?
830. Wie hieß die Wendeltreppe, die zu Durins Turm führte?

Gebirge und Berge

831. Wie hießen die drei Berge, unter denen Khazad-dûm lag?
832. Welche beiden Gebirgszüge formten einen Wall um Mordor?
833. Wie hieß der östlichste Gipfel des Weißen Gebirges, wo Aragorn den Sämling des Weißen Baumes fand?
834. In welchem Berg war das Tor der Toten?
835. Wie hieß der Berg östlich von Düsterwald, wo die Zwerge lebten, bis Smaug ihn besetzte?
836. Wie hieß der Berg in Mordor, wo der Eine Ring geschmiedet wurde?
837. Auf welchen Bergen wurden der Sitz des Sehens und der Sitz des Hörens erbaut?
838. Auf welchem Hügel in Lothlórien versprachen sich Aragorn und Arwen einander? Er war mit elanor und niphredil bedeckt.
839. Welche Bergkette zieht sich westlich von Minas Tirith bis zum Meer? Dunharg, Helms Klamm und die Pfade der Toten lagen darin.
840. Wie hieß der Berg, auf dem Minas Tirith erbaut wurde?

Flüsse

841. Wie hieß der Fluß, der von Imlad Morgul herabfloß, eine fahle, üble Farbe hatte und ekelhaft roch?
842. Was war der Hauptverkehrsweg zwischen den Menschen der Seestadt und Thranduils Reich in Düsterwald?
843. Welcher Fluß war ostwärts der natürliche Schutz des Auenlandes?
844. Wie hießen die sieben Hauptflüsse von Gondor?
845. Was war der Hauptfluß von West-Beleriand?
846. Was war der größte Fluß von Mittelerde?
847. Welcher Fluß war nahe dem verborgenen Tal von Imladris und konnte von Elrond überflutet werden, um die Furt zu versperren?
848. Jeder, der von diesem Fluß trank oder darin badete, fiel in einen tiefen Schlaf. Welcher Fluß war das?
849. Welcher Fluß trennte Ost-Beleriand von West-Beleriand?
850. Wie hießen die sieben Flüsse von Ossiriand?

Türme

851. Wie hießen die sieben Leuchtfeuertürme von Gondor der Reihe nach von eins bis sieben?
852. Wie hießen die beiden Türme der Wehr?
853. Wo waren die Türme der Wehr?
854. Wie hieß Saurons Turm in Mordor?
855. Im Zweiten Zeitalter zerstörte das Heer des letzten Bündnisses den Turm in Frage 854, aber nicht seine Fundamente. Warum nicht?
856. Wie hieß der größte der Türme von Emyn Beraid, und wem wurde er errichtet?
857. Wie hieß der Turm von Isengart?
858. Wie hieß der Turm der Noldor bei Eithel Sirion?
859. Wie hieß der »Turm des weißen Horns« bei Eglarest?
860. Alles, was vom Wachturm an der Wetterspitze zur Zeit des Ringkrieges übriggeblieben war, war ein unebener Ring von Steinen. Wie hieß der Turm?

Sonstiges von Mittelerde

Tiere

861. Wie hieß der Rabe, der Thorin Eichenschilds Bote vor der Schlacht der Fünf Heere war?
862. Saruman benutzte Vögel als Späher. Welche Art von Vögeln war das?
863. Wie hießen die edlen Pferde, die niemandem erlaubten, auf ihnen zu reiten, außer dem König von Rohan oder seinen Söhnen?
864. Wer war das erste dieser edlen Pferde?
865. Wer war der König der Adler des Nebelgebirges während der Schlacht der Fünf Heere?
866. Welche zwei Arten von Drachen gab es?
867. Von welcher Art war Smaug?
868. Welche Tiere wurden von den Haradrim als Kriegstiere benutzt?
869. Wie wurden die bösen Wölfe von Rhovanion genannt?
870. Wer war Draugluin, und wer tötete ihn?

Mehr über Tiere

871. Wer war der größte der Drachen?
872. Welche Möglichkeiten gab es, einen Olifant zu töten?
873. Wer erschlug Huan, den großen Wolfshund von Valinor?
874. Was waren die Rinder von Araw?
875. Welche Spinne hatte ihre Lauer bei Cirith Ungol?
876. Wer erschlug Smaug, den Goldenen?
877. Wie hieß der Ahnherr der Adler des Nebelgebirges?
878. Welche Vögel benutzten die Menschen von Thal als Boten?
879. Welches Tier tötete Folca, den König von Rohan?
880. Ungolianth half Melkor bei der Zerstörung der Zwei Bäume der Valar. Wer war sie, und wie half sie ihm?

Schlachten

881. In welche chronologische Reihenfolge gehören die folgenden Schlachten?

Schlacht von Azanulbizar
Schlacht von Dagorlad
Schlacht von Fornost
Schlacht des Lagers
Schlacht an den Furten des Isen
Schlacht auf dem Feld von Celebrant
Verhängnis auf den Schwertelfeldern
Kampf auf dem Gipfel
Schlachten an den Furten des Isen
Schlacht von Wasserau
Schlacht von Thal
Schlacht von Grünfeld
Schlacht an den Übergängen des Erui
Schlacht an den Übergängen des Poros
Schlacht der Fünf Heere
Schlacht an der Hornburg
Schlacht auf dem Pelennor

Mehr über Schlachten

882. Welche Schlacht gehört zu welchen gegnerischen Paaren?

A. Schlacht von Azanulbizar
B. Schlacht von Dagorlad
C. Schlacht von Fornost
D. Schlacht von Grünfeld
E. Schlacht an den Übergängen des Erui
F. Schlacht auf dem Feld von Celebrant
G. Verhängnis auf den Schwertelfeldern
H. Große Schlacht
I. Kampf auf dem Gipfel
J. Schlacht an der Hornburg

a. Dúnedain gegen Hexenkönig
b. Eldacar gegen Castamir
c. Isildurs Volk gegen Orks
d. Dunländer & Orks gegen Rohirrim
e. Gandalf gegen Balrog
f. Sauron gegen das Letzte Bündnis der Elben und Menschen
g. Streitmacht von Valinor gegen Morgoth
h. Zwerge gegen Orks
i. Nördliches Heer gegen Balchoth
j. Tuks gegen Orks

Zeichen

883. Zu welcher Person oder welchem Volk gehören die Zeichen auf Bannern und Schilden?

A. Durin und seine Erben
B. Eregion
C. Rohan
D. Haus von Fëanor
E. Sauron
F. Truchsesse von Gondor
G. Isildur
H. Saruman
I. Könige von Gondor
J. Anárion
K. Minas Morgul
L. Dol Amroth
M. Elendil und seine Erben in Gondor
N. Elendils Erben in Arnor

a. Die untergehende Sonne
b. Weißes Schiff wie ein Schwan auf blauem Feld
c. Amboß und Hammer unter einer Krone mit sieben achtzackigen Sternen
d. Der Weiße Baum, unter einer silbernen Krone, von sieben Sternen umgeben
e. Hulstbaum
f. Ein aufgehender Mond
g. Mond, mit einem Totenkopf verschandelt
h. Sieben Sterne
i. Weiße Hand im schwarzen Feld
j. Achtzackiger, silberner Stern
k. Weißes Feld
l. Rotes oder lidloses Auge
m. Schwarzes Feld mit Weißem Baum unter sieben Sternen
n. Weißes Pferd auf grünem Feld

Pferde

884. Welches Pferd gehört welchem Besitzer beziehungsweise, wer ist sein Reiter?

A. Schneemähne	a. Fingolfin
B. Feuerfuß	b. Oromë
C. Roheryn	c. Éomer
D. Rochallor	d. Glorfindel
E. Asfaloth	e. König Théoden
F. Nahar	f. Aragorn
G. Windfola	g. König Eorl
H. Felaróf	h. Éowyn und Merry

885. Wie hieß das größte Pferd zur Zeit des Ringkrieges?
886. Wer war der Vater von Schneemähne?

Was gehört wozu

887. Zu welchem Namen gehört welche Beschreibung?

A. Seregon
B. Athelas
C. Valaróma
D. Palantíri
E. Simbelmynë
F. Galvorn
G. Lembas
H. Arkenstein
I. Nauglamir
J. Süßes Galenas

a. Schwarzes, biegsames und beständiges Metall, von Eöl erfunden
b. Goldenes Halsband, mit Gemmen aus Valinor besetzt, das dem Träger Anmut und Liebreiz gab
c. Tiefrote Blume, auf dem Amon Rûdh
d. Kristallkugeln von den Noldor gemacht
e. Tabak aus Mittelerde
f. Heilende Pflanze, wächst nur da, wo Numenórer lagerten oder lebten
g. Wohlschmeckende, goldene Waffeln, von den Elben von Lórien gebacken
h. Weißer, durchsichtiger Edelstein
i. Horn des Vala Oromë
j. Kleine, weiße Blume, blüht auf den Grabhügeln der Könige von Rohan

888. Zu welchem Namen gehört welche Beschreibung?

A. Hithlain
B. Miruvor
C. Südhang
D. Elanor
E. Mithril
F. Ithildin
G. Mallos
H. Elendils Stern
I. Alfirin
J. Silma

a. Leichtes, hartes, silbernes Metall, in Khazad-dûm gefunden
b. Kleine, goldene Blume, wächst in den Feldern von Lebennin
c. Widerstandsfähige, leichte, weiche Substanz, von den Elben von Lórien für Seile benutzt
d. Kristalline Substanz, scheint aus sich selbst heraus, von Fëanor erfunden
e. Substanz aus Mithril gemacht, nur sichtbar bei gewissen Worten in Sternen- oder Mondlicht
f. Klare, köstliche, belebende Flüssigkeit der Eldar
g. Gelbe Blume aus Lebennin
h. Tabaksorte aus Bree
i. Diamant, Erbstück des Nördlichen Königreiches
j. Gelbe Winterblume aus Lórien

Und was gehört hier wozu

889. Zu welchem Namen gehört welche Beschreibung?

A. Barahirs Ring
B. Ulumúri
C. Horn der Mark
D. Silberkrone
E. Zepter von Annúminas
F. Galadriels Phiole
G. Niphredil
H. Großes Horn
I. Cram
J. Silmaril

a. Hauptzeichen der Königswürde in Arnor
b. Juwelen, von Fëanor gemacht, enthalten das Licht der Zwei Bäume
c. Reiseverpflegung, hart, geschmacklos
d. Erbstück von Isildurs Linie
e. Kristallgefäß, beinhaltet das Licht von Eärendil
f. Hauptzeichen der Königswürde in Gondor
g. Hörner von Ulmo, vom Maia Salmar gemacht
h. Erbstück der Truchsesse von Gondor
i. Blasse Winterblume aus Lórien
j. Kleines, silbernes Horn, von Zwergen gemacht

Die Palantíri

890. Was waren die Palantíri?
891. Wer machte sie?
892. Wieviele gab es?
893. Welcher Palantír schaute nur zu den Unsterblichen Landen?
894. Welcher Stein war der Meisterstein?
895. Wo war jeder Stein ursprünglich in Mittelerde aufbewahrt?
896. Was konnte nach dem Jahr 3019 nur im Stein von Minas Tirith gesehen werden und warum?
897. Welchen Stein beanspruchte Aragorn?
898. Welchen Stein kontrollierte Sauron?
899. Wer brachte die Steine nach Mittelerde?

Das Rätselspiel

900. Was waren die Einsätze im Rätselspiel zwischen Gollum und Bilbo Beutlin?
901. »Was hat Wurzeln, die keiner sieht,
ragt höher als Bäume
und Wipfelsäume,
wächst nie und treibt nicht
und reicht doch ins Licht?«
902. »Zweiunddreißig Schimmel auf einem roten Hang –
erst malmen sie,
dann stampfen sie
und warten wieder lang.«
903. »Schreit ohne Stimme,
fliegt ohne Schwinge,
beißt ohne Zahn,
murmelt und pfeift –
kein Mund hat's getan.«
904. »Das Auge im blauen Gesicht
sah ein Auge im grünen Gesicht.
›Sieht genau aus wie mein Auge‹,
sagte das erste Auge.
›Doch so tief unten blinzle ich nicht.
Ich stehe droben im blauen Gesicht.‹«
905. »Man kann es nicht sehen, kann's nicht aufstören,
kann es nicht fressen und kann's auch nicht hören,
liegt hinter den Steinen und unterm Gestein,
rieselt in alle Höhlen hinein,
kommt zuerst und folgt auch zuletzt,
löscht alles Leben, bis keiner mehr schwätzt.«
906. »Der Schrein ohne Deckel, Schlüssel, Scharnier
birgt einen goldenen Schatz, glaub es mir!«
907. »Atemlos lebt es,
kalt wie der Tod schwebt es,
fühlt keinen Durst, und doch trinkt es,
trägt ein Kettenhemd, und nie klingt es.«
908. »Keinbein lag auf Einbein,
Zweibein saß auf Dreibein,
Vierbein ging auch nicht leer aus.«

909. »Etwas, das alles und jeden verschlingt:
Baum, der rauscht, Vogel, der singt,
frißt Eisen, zermalmt den härtesten Stein,
zerbeißt jedes Schwert, zerbricht jeden Schrein,
schlägt Könige nieder, schleift ihren Palast,
trägt mächtigen Fels fort als leichte Last.«

910. Die letzte Frage war eigentlich kein Rätsel, wurde aber als solches von Gollum aufgefaßt. Wie lautete die Frage und die Antwort?

Die Ringe

911. Es gab zusammen zwanzig Ringe. Wieviele hatten die sterblichen Menschen?
912. Wieviele hatten die Elbenkönige?
913. Wo sind die Elbenkönige?
914. Die Elbenringe hatten Namen. Wie lauteten sie?
915. Die Inschrift auf dem Einen Ring war geschrieben, um die anderen Ringe zu umgarnen. Wann konnte sie nur gesehen werden?
916. Wer schmiedete wo den Einen Ring?
917. Der Eine Ring war ein einfaches Goldband. Wie sahen die anderen aus?
918. Sauron entdeckte zu seinem Entsetzen, daß die Ringe die Zwerge nicht beherrschen konnten, indem sie sie böse machten oder ihr Leben verlängerten. Was taten die Ringe den Zwergenträgern an?
919. Sauron gewann drei der Zwergenringe zurück. Was geschah mit den anderen vier?
920. Die Träger der Menschenringe waren Saurons Hauptdiener. Wie wurden diese unsichtbaren Wesen genannt?

Mehr über die Ringe

921. Sauron wirkte bei der Erschaffung der Ringe der Macht mit, außer bei den Drei Ringen der Elbenkönige. Wer schmiedete sie, und was sollte ihre Aufgabe sein?
922. Warum gerieten die Drei Ringe nicht unter den Einfluß des Einen Rings?
923. Die Ringe der Macht versprachen ihren Trägern Unsterblichkeit. Wie griff das die Träger der Neun an?
924. Der Eine Ring ließ in anderen eine große Begierde nach dem Ring erwachen. Wem bot Frodo den Ring an, ohne daß der Ring genommen werden konnte?
925. Im Zweiten Zeitalter 3441 verlor Sauron den Ring. An wen und auf welche Weise?
926. Wie verlor die Person in Frage 925 den Ring?
927. Wer waren die beiden nächsten, die den Einen Ring besaßen?
928. Was geschah mit denen, die wenig Macht hatten, wenn sie den Ring trugen?
929. Als der Eine Ring zerstört war, was geschah da mit den anderen Ringen der Macht?
930. In welcher Schrift und Sprache ist die Ring-Inschrift verfaßt?

Waffen

931. Wie warnten die Schwerter Stich, Glamdring und Orkrist vor der Anwesenheit von Orks?
932. Wie wurden Orkrist und Glamdring von den Orks genannt?
933. Zu welcher Person gehörte welche Waffe?

A. Bilbo Beutlin	a. Orkrist
B. Aragorn	b. Narsil
C. Gandalf	c. Stich
D. Thorin Eichenschild	d. Herugrim
E. Fingolfin	e. Andúril
F. Gil-galad	f. Morgul-Dolch
G. Elendil	g. Aiglos
H. Éomer	h. Glamdring
I. Théoden	i. Gúthwinë
J. Herr der Nazgûl	j. Ringil

934. Narsil wurde in der Schlacht zerstört. Es wurde später wieder geschmiedet. Wie hieß dieses andere berühmte Schwert?
935. Unter welchem Namen war Andúril noch bekannt?

Bäume

936. Wie hieß der Weiße Baum der Eldar?
937. Es gab in Lórien einen Baum mit silberner Rinde und goldenen Blättern. Wie wurde er genannt?
938. Wie hießen die Zwei Bäume der Valar?
939. Welche Aufgabe hatten die Zwei Bäume in Valinor?
940. Aus dem Holz von welchem Baum wurde die Truhe der Silberkrone gemacht?
941. Was war der Tote Baum?
942. Wie hieß der Weiße Baum von Númenor, ein Abkömmling des Weißen Baums der Eldar?
943. Wer vergiftete die Zwei Bäume von Valinor?
944. Unter welchem Baum hielt Bilbo seine Abschiedsrede?
945. Lúthien, die Tochter von König Thingol, wurde in der Krone von welcher großen Buche festgehalten?

Wer tötete ...

946. ... den Großen Ork?
947. ... den Herrn der Nazgûl?
948. ... Smaug, den Goldenen?
949. ... Azog, den König der Orks von Khazad-dûm?
950. ... Bolg, den Sohn von Azog?
951. ... Gandalf den Grauen?
952. ... Uglúk?
953. ... Saruman?
954. ... Finwë, den König der Noldor?
955. ... Fëanor?

Die Antworten

Der kleine Hobbit

Sein Name war Beutlin

1. Dwalin, Balin, Kili, Fili, Dori, Ori, Nori, Oin, Gloin, Bifur, Bofur, Bombur und Thorin Eichenschild.
2. Tom, Bert und Bill. Sie steckten die Zwerge in Säcke und berieten, wie sie die Zwerge zubereiten wollten.
3. Mondbuchstaben können nur gesehen werden, wenn der Mond die gleiche Form hat und wenn die gleiche Zeit ist, wie an dem Tag, an dem sie geschrieben wurden.
4. Der erste Tag des neuen Zwergenjahres, nur wenn der letzte Herbstmond und die Sonne gleichzeitig am Himmel zu sehen sind.
5. Die Adler des Nebelgebirges.
6. Beorn. Er verwandelte sich in einen großen, schwarzen Bären.
7. Am Rande des Nachtwaldes.
8. Thorin schlief ein, als er die Lichtung der Waldelben betrat. Die Waldelben kerkerten ihn dann im Gefängnis des Königs ein.
9. Er schlief ein und konnte nicht geweckt werden. Die anderen Zwerge trugen ihn abwechselnd sechs Tage durch den Wald, bis der Regen ihn aufweckte.
10. Einen großen zweihenkeligen Pokal.

Weit über die kalten Nebelberge

11. Sie suchten ein vierzehntes Mitglied, und Gandalf hatte an Bilbos Haustür ein Zeichen angebracht, das besagte, daß Bilbo ein Dieb sei, der Arbeit suche.
12. Er erhielt Thorins Brief nicht vor 10.45 Uhr; das ließ ihm nur Zeit, zum Gasthaus »Zum Grünen Drachen« zu rennen, um sie um 11.00 Uhr dort zu treffen.
13. Sie werden zu Stein.
14. Vom Trollschatz von Bert, Bill und Tom.
15. Sie wurden von Orks gefangengenommen.
16. Als er aus den Orkminen floh und ungesehen zu ihrem Lager kam.
17. Die Warge und Orks wollten ihre Kräfte vereinigen, um die Dörfer der Menschen, die dem Gebirge am nächsten waren, zu überfallen.
18. Von Beorn, dem Pelzwechsler.
19. Sie sahen Fackeln und Feuer in den Wäldern brennen und erhofften sich ein Fest, weil sie alle hungrig waren.
20. Bilbo steckte jeden Zwerg in ein leeres Faß und schickte sie flußabwärts zur Seestadt.

Der Berg rauchte unter dem Mond

21. Sie zündeten das Gebiet um die Bäume, auf denen die Zwerge, Bilbo und Gandalf saßen, an.
22. Während er Beorn ihre Geschichte von der Flucht vor den Wargen erzählte, erwähnte er nach und nach die Zwerge, die dann auch jeweils erschienen.
23. Aus dem Fluß zu trinken, der durch den Nachtwald führte, oder in ihm zu baden; und den Pfad zu verlassen.
24. Gelbe, rote, grüne oder bleiche, knopfrunde Augenpaare.
25. »Steht bei dem grauen Stein, wenn die Drossel schlägt, und der letzte Sonnenstrahl am Durinstag auf das Schlüsselloch fällt.«
26. Elrond.
27. Eine Drossel hörte Bilbo, als er den Zwergen von dem kleinen Fleck auf der Unterseite Smaugs, der ungeschützt war, erzählte, und sie flog zu Bard und sagte es ihm.
28. Ein Zwölftel.
29. Den Arkenstein.
30. Eine Streitmacht der Orks und Warge griff sie an, so vereinigten sie ihre Heere.

Zu den tiefen Verliesen und uralten Höhlen

31. Die Waldelben und ihr größter König, Thranduil.
32. Bilbo Beutlin.
33. Er war bewußtlos und unsichtbar.
34. Beorn, er kam als Bär und war fast riesenhaft.
35. Orkrist und der Arkenstein.
36. Um ihm die Speisen zu bezahlen, die er gegessen hatte, während er unsichtbar in den Hallen des Königs war.
37. Sie wurden von den Waldelben gefangen.
38. Ein Mithril-Kettenhemd, einen Gürtel mit Perlen und Kristallen bestickt und einen Lederhelm, der mit weißen Edelsteinen verziert war.
39. Nach seinem Vetter Dain von den Eisenbergen.
40. Er sandte die Raben, um die Botschaften zu überbringen.

Verderbe den Orks ihr Spiel!

41. Bilbo Beutlin, als er nach der Rettung vor den Wargen und Orks auf dem Adlerhorst in Sicherheit war.
42. Bill, der Troll, nachdem er Bilbo, der versucht hatte seine Tasche auszunehmen, entdeckt hatte.
43. Der Fürst der Adler, als er von Gandalf gefragt wurde, ob er Thorin & Co. zu einer Niederlassung der Menschen tragen würde.
44. Balin, der Zwerg, als Bilbo aus dem Nichts erschienen war, nachdem er den Orks entkommen war.
45. Eine der großen Spinnen des Nachtwaldes bei der Gefangennahme der Zwerge von Thorins Gesellschaft.
46. Bard, kurz bevor er Smaug, den Drachen, tötete.
47. Der Große Ork zu Thorin Eichenschild, als die Gesellschaft in der vordersten Vorhalle gefunden worden war.
48. Thorin Eichenschild zu Bilbo Beutlin, als er erfuhr, daß Bilbo Bard den Arkenstein gegeben hatte.
49. Bilbo zu den Spinnen des Nachtwaldes, um ihre Aufmerksamkeit von den Zwergen abzulenken.
50. Fili zum Hauptmann der Wächter von Esgaroth.

Etwas Merkwürdiges geschieht

51. Bilbo zu Gandalf, der einen Abenteurer suchte.
52. Dori zu Gandalf, weil er Bilbo verloren hatte.
53. Beorn zu Gandalf, als er die Geschichte von ihrem Kampf mit den Wargen gehört hatte.
54. Bilbo zu Balin, während er ihn aus dem Kerker der Waldelben befreite.
55. In der Höhle der Waldelben der Kellermeister des Königs zum Hauptmann der Wache.
56. Fili zu Bilbo, nachdem dieser ihn aus einem Faß, das sie zur Flucht vor den Waldelben benutzt hatten, herausließ.
57. Bombur, als die anderen wollten, daß er zu einem höheren Lager am Einsamen Berg hinaufstieg.
58. Thorin, als er viele Vögel um den Einsamen Berg kreisen sah.
59. Ein Bannerträger des Lagers von Esgaroth und den Waldelben zu Thorin bei dessen Weigerung zu verhandeln.
60. Thorin zu Bilbo, kurz bevor Thorin starb.

Dieb! Ich rieche dich

61. Er bewirkt tiefe und schöne Träume.
62. Galion.
63. Große Schnecken, die an der Seite eines grauen Steines im Gras krochen.
64. Unter zunehmendem Mond an einem Mittsommerabend.
65. Jeder hatte eine dreifach geschmiedete Spitze und im Schaft war kunstvoll Gold eingelegt.
66. Dunkelgrün.
67. Schwarz und rot.
68. Am 22. Juni.
69. Das Halsband von Girion aus fünfhundert Smaragden.
70. Eine Harfe.

Der Herr der Ringe
Erster Teil: Die Gefährten

Ein Ring sie zu knechten

71. Indem man ihn in das Feuer wirft, in dem er geschmiedet wurde.
72. Legolas, der Elbe, Gimli der Zwerg, Gandalf der Graue, Aragorn (oder Streicher), Boromir von Gondor, Peregrin (Pippin) Tuk, Samweis (Sam) Gamdschie und Meriadoc (Merry) Brandybock.
73. Er verschwand in einem Lichtblitz mit Hilfe des Einen Ringes und Gandalfs.
74. Durch Bilbos (und früher Gollums) Bezeichnung »mein Schatz« für den Ring.
75. Der Ring versuchte zu Sauron, seinem Meister, zurückzugelangen.
76. Gandalf erwischte ihn, als er draußen an Frodos Fenster hörte, wie sie die Gefahren des Ringes besprachen. Als »Strafe« beschloß Gandalf, daß Sam Frodo begleiten sollte.
77. Etwas zwang Frodo den Ring überzustreifen und unter diesem Einfluß sah er die weißen Gesichter der Schwarzen Reiter, ihre langen, grauen Roben, silbernen Helme und hageren Hände, die stählerne Schwerter hielten.
78. Frodo trug das Kettenhemd aus Mithril, das Bilbo von Thorin Eichenschild geschenkt wurde.
79. Sam gab sie ein Kästchen, das Erde aus ihrem Obstgarten mit ihrem Segen darauf und ein Samenkorn eines Mallorn enthielt. Frodo bekam eine Phiole mit Licht von Eärendils Stern, das in dem Wasser der Quelle, die Galadriels Spiegel speist, eingefangen war.
80. Streicher fand es, doch als die Sonne aufging, zerschmolz und verschwand die Klinge, so daß nur noch das Heft übrig war.

Aber wie steht's damit, Frodo?

81. Neunundneunzig Jahre.
82. Sie ertranken im Brandywein.
83. Dünn und ausgemergelt.
84. Otho Sackheim-Beutlin.
85. Neun Jahre.
86. Er schien niemals die gleiche Größe oder das gleiche Gewicht zu haben und hätte deshalb vom Finger gleiten können, wo er eben noch fest gesessen hatte.
87. Er schwindet und wird eventuell ständig unsichtbar.
88. Bilbo.
89. Er bemerkte, daß er den Ring wieder in seine Tasche gesteckt hatte.
90. Es hätte seinen Willen gebrochen.

Nun sind wir endlich weg!

91. Seinen fünfzigsten Geburtstag.
92. Nach Bruchtal.
93. Lobelia Sackheim-Beutlin.
94. Nach Bockland, um dort unter seinen Verwandten, den Brandybocks, zu leben.
95. Ein Schwarzer Reiter.
96. Eine Gruppe Elben, darunter Gildor Inglorion.
97. Als Frodo ein Junge war, wurde er dabei erwischt, wie er Pilze von Bauer Maggot stahl. Maggot befahl seinen Hunden, daß sie das nächste Mal, wenn sie Frodo sahen, ihn fressen sollten, und dann jagten die Hunde Frodo den ganzen Weg bis zur Fähre.
98. Eine dichte, große Hecke: den Hohen Hag.
99. Pippin wurde durch einen Spalt im Baum verschluckt und im Innern eingeschlossen. Merry war ebenfalls in einer Spalte gefangen, aber mit den Beinen draußen.
100. Sam wollte den Baum verletzen oder erschrecken, indem er ihn anzündete. Der Baum sagte zu Merry, daß er ihn entzwei drücken würde, wenn Sam nicht aufhörte.

Etwas ist faul an der ganzen Sache

101. Ein Schwarzer Reiter. Er suchte Frodo.
102. Er sang in den Spalt hinein, wo Merry gefangen war und schlug hierauf die Weide mit einem Zweig.
103. Die Hügelgräber.
104. Von den Grabunholden.
105. Er packte ein kurzes Schwert und hieb die Hand ab.
106. Tom Bombadil.
107. Herr Unterberg.
108. Er sprang in die Luft, fiel vom Tisch und verschwand.
109. Die Botschaft sagte Frodo, daß er das Auenland nicht später als Ende Juli verlassen sollte und von Streicher Hilfe bekäme; drei Monate davor.
110. Ihn überkam der Schwarze Atem.

»Geheimnisvolle Wanderer«

111. Lutz Farning für zwölf Silberpfennige.
112. Glorfindel.
113. Seine Zunge klebte am Gaumen, und sein Schwert zerbarst.
114. Der Fluß Bruinen erhob sich und trug sie hinweg (Glorfindel veranlaßte die Pferde der Schwarzen Reiter, die nicht im Wasser waren, sich hineinzustürzen und auch fortgetragen zu werden).
115. Gloin. Balin, Ori und Oin waren nach Khazad-dûm gegangen, und nun hörte man nichts mehr von ihnen. Er sollte Elrond um Rat bitten und die Warnung überbringen, daß ein Gesandter von Mordor versucht hatte, Dáins Unterstützung in der Wiedergewinnung des Ringes von Frodo zu erwerben.
116. Die Ringgeister zogen in der Gestalt Schwarzer Reiter aus und suchten Nachrichten vom Auenland.
117. Gwaihir, der Herr der Winde, kam, auf der Suche nach Gandalf, um ihm eine Botschaft zu überbringen, und trug ihn fort.
118. Eine Schar großer Krähen flog über sie hinweg, anscheinend um das Land auszuspionieren.
119. Ein Schneesturm kam (die Feindseligkeit von Caradhras) und zwang sie umzukehren.
120. Den Weg durch Moria.

Hinunter ins Land des Schattens

121. Patschende Schritte.
122. Orks, schwarze Uruks und ein Höhlentroll.
123. Die Elben spannten Seile über den Fluß: eines, um darauf zu gehen, und eines, um sich mit den Händen festhalten zu können.
124. Jeder fühlte, daß sie ihm die Wahl gab zwischen der folgenden, furchtbaren Reise und etwas, was er sich sehr wünschte.
125. Gollum.
126. Sie wurden von Orks angegriffen.
127. Nach Osten zu gehen, allein.
128. Das Auge, das ihn suchte.
129. Ihm den Ring geben, um ihn für die Verteidigung von Minas Tirith zu benutzen.
130. Er sah eines der Boote, wie es anscheinend von alleine das Ufer zum Fluß hinabglitt.

Diener des Geheimen Feuers

131. Glorfindel zu Frodo, als dieser nicht auf dem Pferd des Elben zu Elronds Haus reiten wollte.
132. Gandalf zum Balrog an der Brücke von Khazad-dûm.
133. Legolas, als ihm mit den anderen der Gemeinschaft die Augen verbunden werden sollten, um durch Lórien geführt zu werden.
134. Boromir zu Frodo bei Amon Hen.
135. Rorig Brandybock an Bilbos Geburtstagsfest.
136. Ein Fuchs, der durch die Wälder lief, wo Frodo in seiner ersten Nacht außerhalb des Auenlandes schlief.
137. Elrond zu Frodo in den Tagen, bevor die Gemeinschaft aus Bruchtal aufbrach.
138. Bilbo zu Frodo, nachdem er ihm das Mithril-Kettenhemd gegeben hatte, damit dieser es unter seiner Kleidung trug.
139. Aragorn über Frodo bei Amon Hen, als die Gemeinschaft beriet, ob sie nach Minas Tirith oder nach Osten, in den Schatten, gehen sollte.
140. Tom Bombadil zu Frodo, als Frodo versuchte, den Ring zu benutzen, um aus dem Zimmer zu schlüpfen.

Du . . . du bist ein Brandybock!

141. Bilbo zu Gandalf, als er den Ring Frodo hinterließ.
142. Lobelia Sackheim-Beutlin zu Frodo, als sie aus Beutelsend hinausbegleitet wurde, nachdem Bilbos Nachlaß geregelt war.
143. Gandalf zu Frodo, darüber, daß Gollum am Leben gelassen wurde.
144. Sam Gamdschie zu Frodo, als Gandalf ihn beim Horchen ertappte.
145. Gildor Inglorion zu Frodo, während sie sich im Wald nahe Waldhof sahen.
146. Frodo zu Pippin, als sie einen Schwarzen Reiter sahen, während sie im Dickicht südlich von Waldhof waren.
147. Tom Bombadil zu Frodo über Bauer Maggot.
148. Tom Bombadil, als er jedem der vier Hobbits ein Messer vom Schatz des Grabunholdes gab.
149. Frodo, als sie ihr Lager bei der Wetterspitze aufschlugen.
150. Gandalf zu Saruman, als sich dieser der »Vielfarbige« nannte.

Macht des Dunklen Gebieters

151. Gandalf zu Elrond, über die Aufnahme von Merry und Pippin in die Gemeinschaft des Ringes.
152. Elrond zur Gemeinschaft des Ringes bei ihrem Abschied.
153. Aragorn zu Gandalf und Gimli, über einen Weg durch Moria.
154. Aragorn zu Sam, nachdem sie aus Moria entkommen waren.
155. Boromir zu Aragorn, über das Betreten von Lothlórien.
156. Haldir zu Legolas, als er der Gemeinschaft die Augen verband, um sie durch Lórien zu führen.
157. Gimli zu Galadriel, als sie ihn bat, ein Geschenk zu nennen.
158. Gandalf zur Gemeinschaft, über das Schließen einer Tür zu einem Gang von Moria.
159. Galadriel zu Frodo, kurz nachdem er ihr den Ring angeboten hatte.
160. Streicher zu Pippin, als sie die Steintrolle von Bilbos Abenteuer entdeckten.

Die Welt war schön

161. Ein Dutzend Flaschen Alter Wingert.
162. Sieben, in roter Tinte.
163. In eine gefleckte Kröte in einem Garten voller Grasschlangen.
164. Hundert Jahre.
165. Ungefähr drei Stunden.
166. Beutelhaldenweg 3.
167. Einen Korb mit Pilzen.
168. Das Geräusch des weit entfernten Meeres.
169. Das Tal der Weidenwinde.
170. Eine Brosche, besetzt mit blauen Steinen.

Die großen Berge

171. Löffelohr, Schnüffelschnauz, Wedelschwanz, Humpel und Weißstrumpf.
172. Äpfel.
173. »O Elbereth! Gilthoniel!«
174. Vier Nächte und drei Tage.
175. »Naur an edraith ammen!«
176. Ein großes, rotes Schwert und eine Peitsche mit vielen Riemen.
177. Nach Südwesten.
178. Achtunddreißig Jahre.
179. Galadriel.
180. Galadriel selbst und ihre Jungfrauen.

Der Herr der Ringe
Zweiter Teil: Die zwei Türme

Die Orks machten sich bereit

181. Einige der Orks waren nicht aus Mordor, sondern trugen Sarumans Zeichen und konnten der Sonne trotzen.
182. Er, Legolas und Gimli legten Boromir in eines der Elbenboote und sandten es den Anduin hinunter.
183. Die Brosche seines Elbenmantels.
184. Wegen ihrer Elbenmäntel.
185. Éomer, der dritte Marschall der Riddermark.
186. Grischnákh.
187. Quellhall. Zwei Schalen, die mit einer klaren Flüssigkeit gefüllt waren und mit goldenem und grünem Licht leuchteten, wenn Fangorn seine Hand über sie hielt.
188. Er und seine Orks fällten viele Bäume.
189. Gandalf den Weißen.
190. Nazgûl, auf einem geflügelten Roß.

Der König der Goldenen Halle

191. Er glaubte, Unruhe folge Gandalf »wie Krähen« und auch, weil Gandalf Schattenfell genommen hatte und es nun niemand reiten konnte.
192. Gandalf warf Schlangenzunge sprachlos zu Boden, nahm Théoden mit hinaus, wo er wieder aufgerichtet war und seinen eigenen Rat wußte.
193. Um den Besitz von Schattenfell.
194. Éomer und Éowyn.
195. Nach Helms Klamm.
196. Ein großer Wald war da, wo keine Bäume gewesen waren.
197. Gandalf, Erkenbrand und seine Mannen.
198. Saruman hatte ihnen erzählt, daß die Rohirrim ihre Gefangenen lebendig verbrannten.
199. Baumbart und die Ents mit Merry und Pippin.
200. Huorns.

Treibgut und Beute

201. Sie überfluteten den Ring von Isengart, um Orthanc, und löschten so die unterirdischen Feuer.
202. Baumbart sandte ihn schwimmend über das Wasser nach Orthanc.
203. Er sandte die Huorns zu Hilfe.
204. Seine Worte schienen weise und vernünftig und ließen andere, die sprachen, rauh und ungehobelt erscheinen.
205. Den Schlüssel von Orthanc und seinen Stab.
206. Den Palantír von Orthanc.
207. Baumbart und die Ents.
208. Er stahl den Palantír von Gandalf und schaute in ihn.
209. Sauron sah ihn, und er wurde starr und blind.
210. Ein geflügelter Nazgûl.

Über die Sümpfe zum Schwarzen Tor

211. Das Seil fiel herunter.
212. Frodo sagte, der Knoten habe sich gelöst. Sam sagte, das Seil sei gekommen, als er es rief.
213. Er begann, zu schreien und in den Knoten zu beißen.
214. Es schien Gollum zu frieren, es biß ihn in sein Bein, weil es ein Elbenseil war.
215. Gollum-Sméagol schwor, dem Herrn »des Schatzes« zu dienen.
216. Gesichter, tote Gesichter.
217. Er rang mit sich selbst, ob er »den Schatz« stehlen sollte oder nicht.
218. Kaninchen. Er machte Kaninchenpfeffer.
219. Sie sahen den Rauch von Sams Feuer.
220. Ein Olifant.

Etwas Böses in Spinnenform

221. Gegen die Menschen von Harad.
222. Henneth Annûn. Ein großer Wasserfall.
223. An Zauberer, an Gandalf.
224. Er führte eine große Armee aus Minas Morgul hinaus.
225. Die Phiole von Galadriel.
226. Kankra, die Große Spinne.
227. Ein großes Spinnennetz. Die Elbenklinge Stich durchtrennte es.
228. Gollum.
229. Ob er bei Frodos Leiche bleiben sollte oder ob er den Ring nehmen und weitergehen sollte.
230. Daß er nicht tot war.

Da ist Böses im Gange.

231. Aragorn, als er Orks entdeckte, die Sarumans Zeichen trugen.
232. Éomer zu Aragorn, während ihrem ersten Zusammentreffen.
233. Grischnákh zu Merry und Pippin am Saum von Fangorn.
234. Baumbart zu Merry und Pippin über seine zerstörten Wälder, als er über Saruman sprach.
235. Aragorn zu Gandalf, nach ihrem Treffen in Fangorn.
236. Gwaihir, der Herr der Winde, zu Gandalf, als er diesen vom Gipfel des Celebdil rettete.
237. Schlangenzunge zu Gandalf auf Meduseld.
238. Gandalf zu Schlangenzunge auf Meduseld.
239. Théoden zu Gandalf, um diesen für die Entlarvung Schlangenzunges zu belohnen.
240. Gandalf zu Aragorn, die Suche nach Merry und Pippin betreffend.

Ein alter Lügner

241. Erkenbrand zu den Bergbewohnern nach deren Gefangennahme.
242. Legolas zu Merry und Pippin in Isengart.
243. Aragorn in Isengart, als er von Schlangenzunge sprach.
244. Éomer zu Théoden über Saruman.
245. Saruman zu Gandalf, als dieser Sarumans Stab forderte, der Unterpfand für sein Verhalten sein und ihm später zurückgegeben werden sollte.
246. Merry zu Pippin über Gandalf.
247. Samweis zu Frodo beim Zurücklassen des Elbenseils, das an einem Baumstumpf festgebunden worden war.
248. Frodo zu Gollum, der Sam würgte.
249. Faramir zu Mablung und Damrod, weil Frodo und Sam die Augen verbunden werden sollten.
250. Faramir zu Frodo, nachdem Sam damit herausplatzte, was Isildurs Fluch war.

Seht, wie sie rennen

251. Fünfundvierzig Wegstunden.
252. Hasufel. Gárulf.
253. Zwei immergrüne Bäume.
254. Fangorn, Finglas, Fladrif (Baumbart, Lockenblatt, Borkenhaut).
255. Láthspell (Schlechte Botschaft).
256. Zwanzig Fuß hoch.
257. Neun Tage.
258. 1417.
259. Ehe nicht die Jahre, in denen Saruman die Ents gequält hat, sieben Mal verstrichen sind.
260. Zehn Klafter oder dreißig Ellen.

Gefahren der Reise

261. Ein fauliger Sumpf von öligem, vielfarbigem Schlick.
262. Schwärzlinge.
263. König Eärnur.
264. Mablung und Damrod.
265. Grün.
266. Aus dem Holz des schönen Baumes Lebethron.
267. Die Gerade Treppe und die Gewundene Treppe.
268. Torech Ungol.
269. Ufthak.
270. Er haute eine ihrer Klauen ab.

Der Herr der Ringe
Dritter Teil: Die Rückkehr des Königs

Sieben Sterne, sieben Steine, ein Weißer Baum

271. Auf sieben.
272. Seine Dienste und sein Schwert.
273. Schattenfell zu versorgen.
274. Fürst der Halblinge.
275. Dreißig Waldläufer des Nordens und Elronds Söhne.
276. »Die Tage sind kurz. Wenn du in Eile bist, gedenke der Pfade der Toten.«
277. Er schaute in den Stein von Orthanc.
278. Ihr König schwor Isildur Treue, weigerte sich dann aber mit ihm gegen Sauron zu kämpfen.
279. Daß er der letzte König sein und er und sein Volk niemals zur Ruhe kommen würden, bis der Eid erfüllt worden war.
280. Er forderte die Toten auf, ihren Eid zu erfüllen.

Nun reitet! Reitet! Reitet nach Gondor!

281. Den Roten Pfeil: ein schwarz gefiederter Pfeil, dessen Spitze rot angemalt war.
282. Der Himmel war mit einer großen Düsternis überzogen, die kein Sonnenlicht hindurchließ. Als sie von Mordor kam, wurde es für den Beginn des Krieges gehalten.
283. Daß sie Merry für die Schlacht rüstete.
284. Dernhelm.
285. Fünf geflügelte Nazgûl. Gandalf der Weiße rettete ihn.
286. Den Einen Ring.
287. Geschosse, die in Flammen explodierten, und die Köpfe derer, die in den Gefechten davor gefallen waren.
288. Denethor weigerte sich Faramir zu verlassen, der schwer verletzt worden war.
289. Gandalf, der Prinz von Dol Amroth und seine Ritter.
290. Er ließ Faramir zu den Grüften schaffen und befahl, ihn selbst und Faramir zu verbrennen.

Herr des schwarzen Landes, komme hervor!

291. Das Tor.
292. Von den Wasa, den Wilden Menschen des Waldes.
293. Er bot ihm an, ihnen einen Weg nach Minas Tirith zu zeigen, der nicht von den Orks blockiert war.
294. Sie sollten die Wilden Menschen in Ruhe lassen und sie nicht wie Tiere jagen.
295. Die kopflosen Körper der reitenden Boten von Gondor, die nach Gondor eilten, einer noch den Roten Pfeil umklammernd.
296. Er blies die Dunkelheit hinweg und brachte die Dämmerung.
297. Dernhelm oder Éowyn.
298. Entweder lagen sie erschlagen um ihn herum oder wurden durch die Raserei ihrer Rösser weit davongetragen.
299. Er wurde von einem Hobbit und einer Frau erschlagen.
300. Schneemähne wurde von einem schwarzen Pfeil getroffen, und in dessen Fall wurde Théoden zerquetscht.

Krieg ruft uns nun!

301. Aragorn mit vielen Bundesgenossen.
302. Beregond.
303. Als Denethor den Palantír benutzte, steuerte Sauron, was er sah.
304. Sein rechter Arm war unbrauchbar und kalt, und er hatte den Schwarzen Atem.
305. Er heilte die, die verletzt worden waren, und das bewies, daß er ihr König war.
306. Furcht. Sie erfüllten ihre Feinde mit Schrecken und Raserei.
307. Ein Wind blies vom Meer.
308. Damit Saurons Aufmerksamkeit von Mordor abgelenkt werde, um so dem Ringträger zu helfen.
309. Er werde glauben, daß einer von ihnen der neue Beherrscher des Ringes sei.
310. Ihn zu verlassen, sich nach Cair Andros zu wenden und es zurückzuerobern.

Türme, stark und hoch

311. Saurons Mund. Der Hauptmann des Turmes von Barad-dûr.
312. Der Bote verzagte schließlich, als ob er körperlich bedroht worden wäre.
313. Sams Schwert, einen grauen Elbenmantel mit Brosche und Frodos Kettenhemd aus Mithril.
314. Viele Heere des Feindes, die verborgen gewesen waren, umzingelten die Armee des Westens.
315. Er erstach einen großen Bergtroll, der Beregond angriff, und dieser fiel auf ihn.
316. Die Adler kamen.
317. Feinde in Mordor festzuhalten.
318. Er benutzte die Phiole von Galadriel, um ihren Willen zu zermürben.
319. Sie gaben einen schrillen Alarmruf von sich.
320. Die Kompanien, die von Schagrat und Gorbag angeführt wurden, töteten sich gegenseitig wegen Frodos Habe.

Die Schicksalsklüfte

321. Er brach und stürzte ein.
322. Einer der geflügelten Nazgûl.
323. Um reines Wasser und klares Tageslicht.
324. Anscheinend schon. Die Dunkelheit klarte auf, und sie fanden ein Rinnsal von Wasser.
325. Ein Trupp Orks kam vorbei, und sie wurden gezwungen, mit diesen zu marschieren (sie wurden mit desertierten Orks verwechselt).
326. Mehrere Orktruppen kamen hinzu, und es gab ein großes Gedränge und Geschiebe, so daß sie unbemerkt entkommen konnten.
327. Sam trug Frodo auf seinem Rücken.
328. Gollum.
329. Er beanspruchte den Ring als sein Eigentum und setzte ihn auf.
330. Er wurde sich dessen bewußt und war angstvoll. Alles andere war vergessen, als er seinen Ringgeistern befahl, zum Schicksalsberg zu eilen.

Der Ringträger hat seine Aufgabe vollbracht

331. Gollum kämpfte mit Frodo, biß ihm seinen Finger ab und stürzte mit dem Ring in die Klüfte.
332. Gandalf und die Adler (Gwaihir, Landroval, Meneldor) holten sie ab und trugen sie fort.
333. Am 25. März, dem Tag, an dem Sauron fiel.
334. Die Kleider, die sie in Mordor trugen, sogar die Orkfetzen.
335. Gimli. Er sah einen Hobbitfuß unter einem Haufen von Leichen.
336. Faramir, Frodo und Gandalf.
337. Er schickte ihn aus Minas Tirith weg, als Hauptmann der Wache von Faramir.
338. Auf den Tag, an dem er und Arwen Abendstern verheiratet wurden, den Mittjahrstag.
339. Ein Sämling des Weißen Baumes.
340. Über das Meer in den Westen zu gehen.

Abschiede

341. Ein kleines, silbernes Horn, in das Reiter eingraviert waren.
342. Beim Baumgarten von Orthanc, Isengart.
343. Zum Wald von Fangorn. Legolas war einverstanden gewesen, in die Glitzernden Höhlen bei Helms Klamm zu gehen, wenn Gimli seinerseits den Wald von Fangorn besuchen würde.
344. Saruman und Schlangenzunge.
345. Bilbos einhundertundneunundzwanzigsten Geburtstag.
346. Er schlief andauernd ein.
347. Frodo gab er endgültig das Mithril-Kettenhemd und Stich und drei Bücher, die er geschrieben hatte. Sam schenkte er einen kleinen Beutel Gold. Merry und Pippin erhielten jeder eine von Elben gefertigte Pfeife, mit Silber und Perlmutt verziert.
348. Zu Tom Bombadil.
349. Lutz Farning.
350. Das Auenland zu verlassen und niemals zurückzukehren.

Unruhen im Auenland

351. Eine Schar von Landbütteln, die die vier Hobbits verhaften wollten.
352. Sie lachten.
353. Sie konnten nur verwirrte Hobbits einschüchtern, hatten aber Angst vor furchtlosen Hobbits mit blitzenden Schwertern.
354. Er blies das Horn von Rohan.
355. Rose Hüttinger.
356. Lotho Sackheim-Beutlin, damit sie ihm halfen, Macht über das Auenland zu gewinnen.
357. Saruman.
358. Um sich an den vier Hobbits für seinen Untergang zu rächen.
359. Daß Frodo weder Gesundheit noch ein langes Leben haben würde.
360. Um Hobbits zu helfen, die durch die Unruhen obdachlos geworden waren.

Das Ende der Gemeinschaft in Mittelerde

361. Er beschränkte die Anzahl der Landbüttel und deren Obliegenheiten wieder auf ihr angemessenes Maß.
362. Er pflanzte Sämlinge, um die abgehauenen Bäume zu ersetzen, und legte an die Wurzeln eines jeden ein Körnchen des Staubes. Die silberne Nuß pflanzte er auf der Festwiese ein. Den Rest des Staubes warf er in die Luft.
363. Alle Sämlinge wuchsen sehr schnell. Die silberne Nuß schoß zu einem Mallorn empor.
364. Die Morgul-Wunde quälte ihn. Er erkrankte an Kankras Biß.
365. Elanor, der Sonnenstern.
366. Zu den Anfurten, um über die See zu gehen.
367. Círdan, der Schiffsbauer, und Gandalf.
368. Die Drei Ringe: Vilya, Nenya und Narya.
369. Merry und Pippin.
370. Alles, was er hatte.

Wir müssen auf unserem eigenen Weg reiten

371. Denethor zu Gandalf über den Tod seines Sohnes Boromir.
372. Beregond, der Pippin über Faramir erzählte.
373. Pippin zu Beregond über die kommende Schlacht mit Mordor.
374. Aragorn zu Théoden bei ihrem Abschied.
375. Merry zu König Théoden, als dieser darüber sprach, Merry zurückzulassen.
376. Denethor zu Faramir, als er erfuhr, daß dieser die Gelegenheit hatte, sich den Ring anzueignen.
377. Denethor, bevor er und Faramir zu den Grüften gebracht wurden.
378. Herr der Nazgûl zu Gandalf am Tor von Minas Tirith.
379. Pippin, der Beregond von Denethors Plan, Faramir zu töten, berichtete.
380. Merry zu Elfhelm, nachdem Elfhelm über ihn gestolpert war.

Die Klagehäuser

381. Herr der Nazgûl, der Éowyn-Dernhelm droht, als diese Théoden verteidigte.
382. Éowyns Antwort zum Herrn der Nazgûl.
383. Éomer zu Aragorn, als dieser zur Schlacht bei Minas Tirith kam.
384. Denethor zu Gandalf, als Beregond ihn hindert, Faramir zu töten.
385. Merry zu Aragorn, als er vom Schwarzen Atem erwachte.
386. Ioreth, die von athelas oder dem Königskraut redete.
387. Gimli zu Legolas, als Gimli über die Unterschiede der Steinmetzarbeit in Minas Tirith sprach.
388. Legolas zu Gimli, Merry und Pippin über das Erwachen der Sehnsucht nach dem Meer.
389. Gandalf zu den Heerführern Gondors, einen Angriff auf Sauron planend.
390. Prinz Imrahil bei der Beratung der Heerführer, über die Unwahrscheinlichkeit eines Sieges.

Ein Stück Elbenglas

391. Saurons Mund zu Aragorn am Schwarzen Tor.
392. Gandalfs Antwort zu Saurons Mund.
393. Sam zu sich selbst während des letzten Abschnittes ihrer Reise zum Schicksalsberg.
394. Gandalf, der Gwaihir, den Herrn der Winde, bat, ihn zu tragen, um Frodo zu finden.
395. Sam zu Gandalf, als er in Ithilien aufwachte.
396. Aragorn, der Faramir über Minas Ithil unterwies.
397. Gandalfs Antwort auf Frodos Frage über den Tag, den Aragorn erwartete.
398. Gandalf zu Aragorn, der wünschte, daß dieser als Ratgeber bei ihm bliebe.
399. Gimli zu König Éomer während ihres Streits über die Herrin Galadriel.
400. Éomer zu Aragorn bei ihrem Treffen, nachdem Aragorn zum König gekrönt worden war.

Geht in Frieden!

401. Gandalf zu Baumbart, als er hörte, daß Baumbart Saruman gehen ließ.
402. Baumbart zu Celeborn und Galadriel bei ihrem Abschied.
403. Saruman zu Merry, der ihm etwas Tabak, den er in Isengart gefunden hatte, gab.
404. Frodo zu Gandalf über den wieder gegenwärtigen Schmerz der Morgulwunde.
405. Gandalf zu den vier Hobbits über ihren Weg ins Auenland ohne ihn.
406. Merry zu den drei anderen Hobbits, nachdem Gandalf sie verlassen hatte.
407. Frodos Antwort auf die Verhaftung durch die Landbüttel.
408. Frodo zu Sam, der Saruman töten wollte.
409. Frodo, der Sam erklärt, warum er über das Meer geht.
410. Gandalf zu Merry, Pippin und Sam, als das Schiff absegeln wollte.

Die Klänge des Krieges

411. Rammas Echor.
412. Vier Jahre.
413. Der dritten Schar der Veste.
414. Schwarz, mit keinem sichtbaren Muster.
415. Hirgon.
416. Fen Hollen.
417. Grond.
418. Zur Erinnerung an den Hammer der Unterwelt.
419. Schattenfell.
420. An die Puckelmänner von Dunharg.

Wer und was

421. Guthláf.
422. Eine schwarze Schlange auf scharlachrotem Grund.
423. Faramir – Duft von tauigem Morgen in einem Land, viel schöner, als irgend jemand jetzt weiß. Éowyn – eine frische, saubere, duftlose Luft, als ob sie neu erschaffen von schneeigen Bergen herabgekommen sei. Merry – Geruch von Obstgärten und Heide im Sonnenschein.
424. Fünfzig.
425. Mablung.
426. Snaga.
427. Gorbag.
428. Elbereth.
429. Am 14. des Neuen Jahres; 8. April nach Auenland-Zeitrechnung.
430. Einen weißen Edelstein in der Form eines Sterns an einer silbernen Kette.

Der Herr der Ringe
Anhänge

Anhang A. Königreiche von Mittelerde

431. Arnor, das Nördliche Königreich, und Gondor im Süden.
432. Elendil.
433. Einen Setzling von Nimloth und die Sieben Sehenden Steine.
434. Arthedain.
435. Die Lossoth, die Schneemenschen von Forochel.
436. Der Hexenkönig oder der Herr der Nazgûl.
437. Es wurde von Eis zerquetscht, und Arvedui ertrank.
438. Durch die Stammesführer der Dúnedain.
439. Barahirs Ring, die Bruchstücke von Narsil, Elendils Stern und das Zepter von Annúminas.
440. König Valacar heiratete eine Frau der niedrigeren Menschen, nicht eine von den Dúnedain. Viele weigerten sich, ihren Sohn anzuerkennen, als dieser den Thron bestieg.

Anhang A. Aufzeichnungen der Weisen

441. Castamir, der Befehlshaber der Schiffe.
442. In Umbar.
443. Die Große Pest aus dem Osten.
444. Die Wagenreiter.
445. Eärnil, ein entfernter Verwandter des toten Königs.
446. Arvedui, Erbe des Nördlichen Königreiches.
447. Als der Hexenkönig auf Eärnur zuritt, scheute dessen Pferd, und bevor er es unter seine Herrschaft bringen konnte, floh der Hexenkönig.
448. Er ging nach Minas Morgul auf die Herausforderung des Hexenkönigs hin und wurde nie wieder gesehen.
449. Mardil, der gute Truchseß.
450. Die herrschenden Truchsesse aus dem Haus von Húrin.

Anhang A. Wer, was und wann

451. Beren.
452. Der Weiße Baum.
453. Thorongil empfahl, Gandalf zu trauen. Denethor setzte sein Vertrauen auf Saruman.
454. Arathorn und Gilraen.
455. Mannsfluch warf Léod, Eorls Vater, ab und tötete ihn, so verlangte Eorl ein großes Wergeld.
456. Über die Heirat von Helms Tochter und Frecas Sohn Wulf.
457. Wulf.
458. Er glaubte, daß wenn er keine Waffen trüge, keine Waffe ihn verletzen könnte.
459. Thengel und Morwen von Lossarnach in Gondor.
460. Das Geschenk von Cirion, der Rohan den Eorlingas gab. Eorls Eid, der gelobt, Gondor Hilfe zu leisten.

Anhang B. Legenden der Zeitalter

461. Mit der Großen Schlacht, in der Morgoth niedergeworfen wurde.
462. Mit der Niederwerfung Saurons und dem Nehmen des Einen Ringes.
463. Das Dritte Zeitalter schloß mit Ende des Ringkriegs, mit Sarumans Hinscheiden. Das Vierte Zeitalter begann, als Elrond Mittelerde verließ. (In Gondor begann es stattdessen im März.)
464. Den Stern der Dúnedain.
465. Über die See, als letzter der Ringträger.
466. Das Rote Buch, das ihm von Frodo gegeben worden war.
467. König Éomer in Edoras.
468. Peregrin Tuk.
469. Meriadocs und Peregrins Leichen.
470. Gimli, der Zwerg.

Das Silmarillion

Vom Anbeginn der Tage

471. Varda, die Herrin der Sterne.
472. Yavanna.
473. Elben und Menschen. Die Elben waren die Erstgeborenen.
474. Melkor, weil er Arda für sich selbst wollte, aber die Valar ihm widerstanden.
475. Aulë wollte jemanden haben, den er seine Künste lehren konnte.
476. Die Bäume. Die Hirten der Bäume, die Ents, sollten sie schützen.
477. Er wurde gefesselt und in die Feste von Mandos gebracht.
478. Die Eldar.
479. Er spielte für sie auf seinen Muschelhörnern.
480. Weil zu ihren Gunsten die Valar in den Krieg gegen Melkor zogen, der in dessen Niederwerfung endete.

Die Verdunkelung

481. Weil Melkor vorgab, daß er sich gebessert hätte.
482. Es wurde versengt und verbrannt.
483. Er wurde für zwölf Jahre aus der Elbenstadt Tirion verbannt.
484. Nein.
485. Die Balrogs.
486. Er setzte sie in eine Eisenkrone, die er immer trug.
487. Sie gelobten, jeden mit Haß und Rache bis ans Ende der Welt zu verfolgen, der versuchte, einen Silmaril aus ihrem Besitz zu nehmen.
488. Die Teleri weigerten sich, den Noldor ihre Schiffe zu geben, so nahmen die Noldor sich diese mit Gewalt.
489. Finarfin.
490. Als die Noldor zur Helcaraxë kamen, nahmen Fëanor und seine Söhne die wenigen Schiffe, überquerten die Meerenge und ließen Fingolfins Gefolge in der Kälte zurück. Fëanor verbrannte dann die Schiffe.

Überlieferung aus alter Zeit

491. Menegroth, die Tausend Grotten.
492. Gegen Orks.
493. Eine unsichtbare Mauer aus Schatten und Verwirrung, die niemand gegen Melians oder Thingols Willen passieren konnte (außer er besaß eine größere Macht als Melian).
494. Die Sonne wurde aus der letzten goldenen Frucht von Laurelin und der Mond aus der letzten silbernen Blüte von Telperion gemacht.
495. Die Noldor unter Fëanor und die Orks von Angband.
496. Fingon. Er schnitt die Hand ab.
497. Einen Helm, ein Panzerhemd und ein Schwert, damit Turgon den erkennen würde, der von Nevrast kam, um ihn vor der Gefahr des Feuers zu warnen.
498. Finrod Felagund.
499. Morgoth oder einer seiner Diener benutzten Amlachs Art zu sprechen bei einem Rat der Menschen.
500. Seinen Ring.

Der verborgene König

501. Fingolfin.
502. Thorondor, der König der Adler.
503. Sie wurden nach einem Kampf mit Orks vermißt, und Thorondor schickte zwei Adler, um sie zu retten.
504. Er täuschte Gorlim, indem er ihn glauben machte, er sähe seine verlorene Frau. So zwang er ihn, zu rufen und seine Anwesenheit zu verraten.
505. Barahirs Versteck in Dorthonion.
506. Weil ihm die Vögel und Tiere von Dorthonion halfen.
507. Einen Silmaril.
508. Finrod Felagunds Hilfe.
509. Celegorm, Fëanors Sohn. Er überredete sie, mit nach Nargothrond zu kommen, und hielt sie dort fest.
510. Dreimal.

Geschichten von Leid

511. Huan, der Hund.
512. Finrod Felagund sprengte seine Fesseln und kämpfte mit dem Werwolf, bis beide starben. So rettete er Beren.
513. Als großer Werwolf. Huan siegte.
514. Celegorm, Fëanors Sohn. Als Celegorm Beren erschlagen wollte und Huan ihn davon abhielt.
515. Das Licht pulsierte durch sein Fleisch und verbrannte ihn nicht.
516. Carcharoth erschrak nicht und biß Berens Hand ab.
517. Der Silmaril verbrannte ihn im Inneren und rief Wahnsinn hervor.
518. Daß er nicht sterben werde, bis er nicht dem stärksten Wolf, der je die Erde betreten hätte, begegnet wäre.
519. Daß er hinter dem Westlichen Meer, in Mandos Hallen, auf sie wartete.
520. Sie gab ihre Möglichkeit, nach Valinor zu gehen, auf und wählte stattdessen mit Beren in Mittelerde zu leben, bis sie beide starben.

Das Schicksal liegt in dir selbst

521. Obwohl er und seine Mannen an der Seite der Noldor in die Schlacht zogen, wechselten sie die Seite und kämpften für Morgoth.
522. Aus seinem Haus würde die Hoffnung der Elben und Menschen kommen, wenn er lebte.
523. Nach Doriath.
524. Auf Amon Rûdh.
525. Beleg rettete den bewußtlosen Túrin vor den Orks. Als er Túrins Fesseln durchschnitt, ritzte er Túrin mit dem Schwert. Túrin tötete ihn, weil er glaubte, er sei ein Feind.
526. Er wurde gelähmt.
527. Seine Schwester. Er wußte es nicht, als er sie heiratete.
528. Sie sprang in den Fluß bei Cabed-en-Aras, einer tiefen Schlucht.
529. Er stürzte sich in sein Schwert.
530. Für das Blut von Beleg, seinem Herrn, und das ungerechte Töten von Brandir.

Elben und Menschen

531. Melian, die Maia.
532. Nauglamir, das Halsband der Zwerge.
533. Er ging nach Nargothrond, wo er Mîm erschlug.
534. Er wollte, daß der Silmaril in das Halsband eingefaßt werde.
535. Die Zwerge weigerten sich, es zurückzugeben, und erschlugen Thingol.
536. Das Schild, das Panzerhemd und das Schwert, von Turgon zurückgelassen, wie Ulmo es befohlen hatte.
537. Ulmo befahl Tuor, nach Gondolin zu gehen. Als Voronwë das bemerkte, war er einverstanden, Tuors Führer zu sein.
538. Gondolin zu verlassen und zum Meer zu gehen.
539. Tuors und Idril Celebrindals Ehe.
540. Maeglin, Eöls Sohn.

Der Krieg des Zorns

541. Die Herrschaft über Gondolin und Idril Celebrindal.
542. Idril hatte befohlen, daß ein geheimer Weg gemacht wurde.
543. Er wollte die Valar bitten, Mittelerde zu helfen.
544. Sie konnten wählen, zu welcher der Zwei Rassen sie gehören wollten.
545. Im Himmel zu segeln mit dem Silmaril auf der Stirn, als ein Zeichen der Hoffnung.
546. Sie zogen in den Krieg gegen Morgoth.
547. Er zerbrach die Türme von Thangorodrim.
548. Durch das Tor der Nacht in die Zeitlose Leere.
549. Es herrschte Verwirrung: Berge wurden niedergetreten, Flüsse versiegten, Täler wurden gehoben.
550. Einer wurde in den Himmel gesetzt, einer wurde ins Meer und einer wurde ins Feuer am Grund einer Großen Spalte geworfen.

Elben, Zwerge und Balrogs

551. Rumil.
552. Nimphelos.
553. Vingilot, die Schaumblüte.
554. Sieben Mal.
555. Gorthaur.
556. Die Valaraukar.
557. Zehn.
558. Ormal und Illuin.
559. Dagor-nuin-Giliath, die Schlacht-unter-Sternen.
560. Cabed Naeramarth, Sprung des Entsetzlichen Schicksals.

Akallabêth

561. Weisheit, Macht, eine hohe Lebenserwartung; Númenor.
562. Elros, Eärendils Sohn.
563. Daß die Dúnedain nicht außerhalb der Sicht Númenors westwärts segeln durften.
564. Die Männer des Königs entfremdeten sich den Eldar und den Valar, weil sie die Unsterblichkeit der Eldar beneideten. Die Getreuen blieben den Herren des Westens treu und hielten ihre Freundschaft mit den Elben aufrecht.
565. Melkor.
566. Er ging heimlich zum Hofe des Königs und stahl eine Frucht vom Weißen Baum.
567. Er stellte für die Getreuen Schiffe bereit, um darin zu fliehen.
568. Aman wurde aus der Reichweite der Menschen gebracht.
569. Er warf es in den Katarakt, der die númenorische Flotte verschluckte.
570. Elendil und die Getreuen.

Die Wesen von Mittelerde

Aragorn

571. Streicher.
572. Der Dúnadan. Es bedeutete Mensch des Westens, Númenórer.
573. Zweihundertundzehn Jahre.
574. In Bruchtal.
575. Estel.
576. König von Gondor und Arnor.
577. Eldarion.
578. Das Wiedervereinigte Königreich.
579. Thorongil.
580. Telcontar.

Bilbo Beutlin

581. Als er durch die dunklen Orktunnel kroch, geriet seine Hand darauf.
582. Er hörte Gloin zu Gandalf von ihm sprechen. Die Worte »kleiner Bursche, der auf der Fußmatte herumhopst« ließen ihn wünschen, für wild und grimmig gehalten zu werden. Auch floß etwas Tuk-Blut in seinen Adern.
583. Er tötete ganz allein die Riesenspinne, die versuchte, ihn zu fangen.
584. Er klammerte sich, unsichtbar, an eines der leeren Fässer der Elben, die in den Fluß abgeladen wurden.
585. Er setzte den Zauberring auf und wurde unsichtbar.
586. Er wurde von einem herabsausenden Stein getroffen und verlor das Bewußtsein.
587. Eine kleine Kiste mit Silber und eine mit Gold gefüllt, soviel, wie ein starkes Pony tragen konnte.
588. Es wurde eine Auktion abgehalten, um seinen Besitz zu versteigern.
589. Er ging nach Bruchtal.
590. Um ungebetene Besucher zu meiden.

Bilbos Geburtstag

591. Am 22. September.
592. Dreiunddreißig.
593. An einem Donnerstag.
594. In Thal.
595. Zwölf Dutzend oder ein Gros.
596. Bilbos und Frodos Alter ergaben zusammengerechnet genau einhundertundvierundvierzig.
597. Es war ein Berg, aus dem ein rotgoldener Drache herabflog und die Menge umkreiste.
598. Golden.
599. Gandalf der Graue.
600. Daß er Beutelsend JETZT verließ.

Tom Bombadil

601. Goldbeere, die Tochter des Flusses.
602. Meister von Wald, Wasser und Berg.
603. Er suchte Wasserlilien für Goldbeere.
604. Es war Goldbeeres Waschtag. Sie rief den Regen.
605. Damit er nicht naß wurde.
606. Der Älteste.
607. Vor dem Fluß und den Bäumen, ehe die Elben nach Westen zogen.
608. Bauer Maggot.
609. Nichts, Tom wurde nicht unsichtbar.
610. Von Elben wurde er Iarwain Ben-adar genannt, von Zwergen Forn und von den Menschen des Nordens Orald.

Ehrliche Bekämpfer wilder Feinde

611. Gandalf der Graue.
612. Beorn, der Pelzwechsler.
613. Tom Bombadil.
614. Boromir.
615. Fangorn.
616. Théoden, Thengels Sohn.
617. Ghân-buri-Ghân, Häuptling der Wosen.
618. Gandalf.
619. Ghân-buri-Ghân.
620. Boromir.

Zwerge

621. Der Vala Aulë gestaltete sie. Eru gab ihnen Leben aus Mitleid für Aulë.
622. Khazad-dûm.
623. Die Entdeckung des Stoffes Mithril, ein leichtes, hartes, silbriges Metall.
624. Die Drachen.
625. Äxte.
626. Durin I.
627. Thráin II., König von Durins Volk in der Verbannung.
628. Gimli, einer der Gemeinschaft des Ringes.
629. Khuzdul.
630. Naugrim, die Kurzgewachsenen.

Mehr über Zwerge

631. Sie wurden für Durin, den Unsterblichen, gehalten, der zurückkehrt.
632. In Stein.
633. Sie wurden verbrannt.
635. Sie waren wie ein Mann gekleidet. Auch waren sie ähnlich in Stimme und Erscheinung.
636. Weniger als ein Drittel.
637. Herr der Glitzernden Höhlen.
638. Aus Mithril und Stahl.
639. Dáin II. Eisenfuß.
640. Balin.

Elben

641. Sie ruhten ihren Geist aus, indem sie an vergangene Zeitalter dachten oder schöne Dinge ansahen.
642. Wachsende Dinge, Musik, aber vor allem die Sterne.
643. Über die See nach Eldamar in Valinor.
644. Círdan, von den Eldar.
645. Fëanor.
646. Vanyar, Noldor und Teleri.
647. Galadriel, Prinzessin der Noldor.
648. Galadriel, Círdan und Gil-galad.
649. Thingol Graumantel.
650. Lúthien, die schönste Elbendame aller Zeiten.

Mehr über Elben

651. »Ratschläge sind eine gefährliche Gabe, selbst von den Weisen an die Weisen.«
652. Lúthien Tinuviel.
653. Celeborn, Herr der Galadrim.
654. Orks.
655. Elrond.
656. Ingwë, Finwë und Elwë.
657. A.–c., B.–e., C.–a., D.–b., E.–d.
658. Sein Geist war so feurig, daß sein Körper zu Asche verfiel, als er ihn verließ.
659. Die Moriquendi.
660. Die Vanyar.

Ents

661. Baumhirten, das älteste Volk in Mittelerde.
662. Die Entfrauen gingen verloren, und so gab es keine Entings mehr; auch wurden viele Ents baumisch.
663. Eine Versammlung, ein Rat der Ents. Er war in Tarntobel.
664. Trolle.
665. Ents schliefen stehend. Sie ernährten sich von Enttränken.
666. Durch einen sehr schweren Axthieb; auch durch Feuer.
667. Sie sammelten die Arbeit einer Baumwurzel in hundert Jahren in wenigen Augenblicken und zermalmten so Fels.
668. Buchenbein.
669. Baumgarten von Orthanc.
670. Nachrichten von den Entfrauen.

Gandalf der Graue

671. Círdan, der Schiffsbauer. Er hatte Narya.
672. Olórin.
673. Er wurde Gandalf der Weiße, und seine Macht nahm sehr zu.
674. Mit einem donnernden Zauberspruch bewirkte er, daß ein Baum Feuer fing; die Verwandlung führte herbei, daß ein ganzer Kreis von Bäumen Feuer fing und die Wölfe flohen.
675. Wo sich der Eine Ring befand.
676. Er kerkerte Gandalf in Isengart ein.
677. Er legte ihm einen guten Zauber auf (für sieben Jahre), als er erfuhr, daß Streicher mit den vier Hobbits nach Osten ging.
678. Den Zwerg Thrain. Ihm wurden die Landkarte und der Schlüssel zu Erebor, dem Einsamen Berg, übergeben.
679. Er wollte Smaug beseitigen, bevor Sauron ihn im Krieg benutzen konnte.
680. Maiar. Nienna, eine der Valier, lehrte ihn.

Gollum

681. Aragorn.
682. Um Geheimnisse aufzuspüren.
683. Sméagol. Gollum wurde er genannt, weil er in seiner Kehle murmelte und gluckste.
684. Er sagte, seine Großmutter hätte ihn ihm geschenkt, und sie hätte viele Dinge dieser Art besessen.
685. Ins Land Mordor.
686. Er setzte ihn unter der Obhut der Waldelben gefangen.
687. Er sei entkommen, unterstützt von Orks.
688. Er krabbelte, insektenähnlich mit dem Kopf voran, hinab.
689. Schleicher und Stinker. Schleicher wegen Gollums kriechender Art gegenüber Frodo, Stinker, wenn er gehässig und bitter wurde.
690. Kankra, die große Spinne. Er stellte sich vor, daß er den Ring zurückbekommen würde, nachdem Kankra Frodo und Sam getötet hätte.

Hobbits

691. Ihre Füße hatten lederartige Sohlen und waren mit dichtem, braunem Haar bedeckt.
692. B. – b.
693. C. – a.
694. A. – c.
695. Den Starren.
696. Grün und gelb.
697. Bilbo Beutlin. Er lebte einhunderteinunddreißig Jahre und acht Tage.
698. Meriadoc Brandybock und Peregrin Tuk waren so groß, weil sie Enttränke, die ihnen Fangorn gegeben hatte, getrunken hatten.
699. Déagol.
700. Sméagol (Trahald).

Mehr über Hobbits

701. Gegenstände, die sich die Hobbits gegenseitig schenkten.
702. Runde Fenster und Türen.
703. Es war eine zahlreiche und überaus wohlhabende Familie.
704. Alle sieben Jahre.
705. Postmeister und Erster Landbüttel.
706. Mit dreiunddreißig Jahren.
707. Die Familie Sackheim-Beutlin.
708. Gandalf der Graue.
709. Sie waren Falbhäute.
710. Sie hatten Boote gern, und einige konnten schwimmen.

Berühmte Hobbits

711. Bandobras (Bullenraßler) Tuk.
712. Tobold Hornbläser aus Langgrund.
713. Ham Gamdschie. Er war der Gärtner von Beutelsend.
714. Drogo Beutlin und Primula Brandybock.
715. Marcho und Blanco.
716. Gorhendad Altbock.
717. Bucca aus dem Bruch.
718. Elanor Gamdschie, Tochter von Samweis.
719. Fastred von Grünholm auf die Bitte des Bürgermeisters Samweis Gamdschie hin.
720. Willi Weißfuß, damals Bürgermeister von Michelbinge.

Namen

721. – d.
722. – f.
723. – e.
724. – h.
725. – c.
726. – a.
727. – j.
728. – i.
729. – g.
730. – b.

Mehr Namen

731. – a., e., h.
732. – d., k.
733. – g., l.
734. – b.
735. – j., n.
736. – f., p.
737. – c.
738. – o.
739. – i.
740. – m.

Die Ringgeister

741. Neun.
742. Sie wurden von den Neun Ringen versklavt.
743. Über viertausend Jahre.
744. Angmar.
745. Schlacht auf den Pelennor-Feldern.
746. Um Frodo und den Ring zu finden.
747. Am Gipfel der Wetterspitze.
748. Waffen mit besonderem Zauber.
749. Bei Nacht.
750. Sie wurden vernichtet, als der Eine Ring in den Orodruin geworfen wurde.

Sauron

751. Celebrimbor entdeckte Saurons Verrat beim Schmieden der Ringe.
752. Barad-dûr am südlichen Ende des Ered Lithui.
753. Sauron war von den Maiar, den niederen Valar.
754. Sein sterblicher Körper wurde vernichtet, obgleich sein Geist weiterlebte.
755. Saruman benutzte den Palantír von Orthanc und ging Sauron in die Falle, der den Palantír von Minas Ithil besaß.
756. Der Geisterbeschwörer von Dol Guldur.
757. Huan, der Wolfshund, und Lúthien, Tochter von Thingol Graumantel und der Maia Melian.
758. Sauron demütigte sich selbst vor Ar-Pharazôn und willigte selbst ein, als Geisel nach Númenor gebracht zu werden.
759. Unsterblichkeit.
760. Melkor (Morgoth).

Eheleute

761. – b.
762. – e.
763. – j.
764. – f.
765. – g.
766. – i.
767. – c.
768. – h.
769. – d.
770. – a.

Rassen

771. – d.
772. – c.
773. – e.
774. – h.
775. – a.
776. – g.
777. – b.
778. – i.
779. – j.
780. – f.

Die Valar

781. Diejenigen der Ainur (Heilige), die als Führer nach Mittelerde kamen.
782. Manwë und seine Frau Elbereth (Varda).
783. Frau Melian und König Thingol Graumantel von den Sindar.
784. Melkor, später Morgoth genannt.
785. Er stahl die Silmaril, die von Fëanor geschaffen wurden.
786. Istari (Zauberer).
787. In Valinor, jenseits des Meeres.
788. Oromë, der Jäger.
789. Indem sie ihre Güte und ihren Mut kräftigten.
790. Auf dem Gipfel des höchsten Berges der Welt, dem Oiolossë.

Mehr über die Valar

791. – d.
792. – a.
793. – h.
794. – j.
795. – e.
796. – b.
797. – c.
798. – f.
799. – i.
800. – g.

Zur Topographie von Mittelerde

Gasthäuser

801. Der Efeubusch.
802. Der Goldene Barsch.
803. Das Tänzelnde Pony.
804. Der Schwimmende Balken.
805. Der Grüne Drachen.
806. Das Brückenwirtshaus.
807. Die Verlassene Herberge.
808. Das Tänzelnde Pony.
809. Das Tänzelnde Pony.
810. Der Grüne Drachen.

Wälder

811. Nimbrethil.
812. Ein Wald von Ents, die den Turm von Orthanc bewachten, um Sarumans Flucht zu verhindern.
813. Brethil.
814. Fangorn, benannt nach dem ältesten lebenden Ent.
815. Grünwald, der Große.
816. Düsterwald und Eryn Lasgalen.
817. Region.
818. Nan Elmoth.
819. Druadan-Wald. Er wurde Ghân-buri-Ghân und seinem Volk, den Wilden Menschen, gegeben.
820. Der Alte Wald.

Moria

821. Khazad-dûm.
822. Sirannon, der Torbach.
823. Mellon (Freund).
824. Mithril.
825. Den Balrog.
826. Von Azog geführte Orks.
827. Azog tötete Thrór, als dieser nach Moria zurückkehrte. Thrór war der Erbe von Durin, dem Unsterblichen.
828. Balin.
829. In der Kammer von Mazarbul, der Archivkammer.
830. Die Endlose Treppe.

Gebirge und Berge

831. Barazinbar, Zirak-zigil und Bundushathûr (ihre elbischen Namen waren Caradhras, Celebdil und Fanuidhol).
832. Ephel Dúath und Ered Lithui.
833. Berg Mindolluin.
834. Im Dwimorberg, dem Geisterberg.
835. Erebor, der Einsame Berg.
836. Orodruin (Schicksalsberg).
837. Amon Hen und Amon Lhaw.
838. Cerin Amroth.
839. Ered Nimrais (das Weiße Gebirge).
840. Berg der Wacht.

Flüsse

841. Morgulduin.
842. Waldfluß.
843. Baranduin (Brandywein).
844. Lefnui, Morthond, Ciril, Ringló, Anduin, Gilrain und Serni.
845. Narog.
846. Anduin.
847. Bruinen.
848. Der Verzauberte Fluß.
849. Sirion.
850. Gelion, Ascar, Thalos, Legolin, Brilthor, Duilwen und Adurant.

Türme

851. Amon Dîn, Eilenach, Nardol, Erelas, Min-Rimmon, Calenhad und Halifirien.
852. Narchost und Carchost.
853. An jeder Seite des großen Passes von Cirith Gorgor.
854. Barad-dûr.
855. Die Fundamente von Barad-dûr konnten nicht zerstört werden, solange der Ring existierte, da sie mit der Macht des Ringes erbaut worden waren.
856. Elostirion wurde für Elendil errichtet.
857. Orthanc.
858. Barad Eithel.
859. Barad Nimras.
860. Der Turm von Amon Sûl.

Sonstiges von Mittelerde

Tiere

861. Roäc, Sohn von Carc.
862. Crebain, schwarze Krähen aus Fangorn und Dunland.
863. Die Mearas.
864. Felaróf.
865. Gwaihir, der Herr der Winde.
866. Feuerdrachen und Kaltdrachen.
867. Er war ein Feuerdrache.
868. Olifanten (Mûmakil).
869. Warge.
870. Der große Werwolf von Angband, der von Huan erschlagen wurde.

Mehr über Tiere

871. Ancalagon.
872. Man mußte ihnen ins Auge schießen.
873. Carcharoth, der Wolf.
874. Große, weiße und gehörnte Rinder, die oft gejagt wurden.
875. Kankra, die Große.
876. Bard, der Bogenschütze von Esgaroth.
877. Thorondor.
878. Drosseln von Erebor und Thal.
879. Der Keiler von Everholt.
880. Sie war die erste der Großen Spinnen, und sie webte ein Netz aus Unlicht um Melkor, das ihm erlaubte, ungesehen die Bäume zu erreichen.

Schlachten

881. Schlacht von Dagorlad (Zweites Zeitalter 3434)
Verhängnis auf den Schwertelfeldern (Drittes Zeitalter 2)
Schlacht an den Übergängen des Erui (Drittes Zeitalter 1447)
Schlacht des Lagers (Drittes Zeitalter 1944)
Schlacht von Fornost (Drittes Zeitalter 1975)
Schlacht auf dem Feld von Celebrant (Drittes Zeitalter 2510)
Schlacht von Grünfeld (Drittes Zeitalter 2747)
Schlacht an den Furten des Isen (Drittes Zeitalter 2758)
Schlacht von Azanulbizar (Drittes Zeitalter 2799)
Schlacht an den Übergängen des Poros (Drittes Zeitalter 2885)
Schlacht der Fünf Heere (Drittes Zeitalter 2941)
Kampf auf dem Gipfel (23.–25. Januar Drittes Zeitalter 3019)
Schlachten an den Furten des Isen (25. Februar und 2. März Drittes Zeitalter 3019)
Schlacht an der Hornburg (3.–4. März Drittes Zeitalter 3019)
Schlacht auf dem Pelennor (15. März Drittes Zeitalter 3019)
Schlacht von Thal (15.–17. März Drittes Zeitalter 3019)
Schlacht von Wasserau (3. November Drittes Zeitalter 3019)

Mehr über Schlachten

882. A. – h.
B. – f.
C. – a.
D. – j.
E. – b.
F. – i.
G. – c.
H. – g.
I. – e.
J. – d.

Zeichen

883. A. – c.
B. – e.
C. – n.
D. – j.
E. – l.
F. – k.
G. – f.
H. – i (manchmal mit einer S-Rune).
I. – m.
J. – a.
K. – g.
L. – b (oder ein Schwan auf weißem Feld).
M. – d.
N. – h.

Pferde

884. A. – e.
B. – c.
C. – f.
D. – a.
E. – d.
F. – b.
G. – h.
H. – g.
885. Schattenfell.
886. Leichtfuß.

Was gehört wozu

887. A. – c.
B. – f.
C. – i.
D. – d.
E. – j.
F. – a.
G. – g.
H. – h.
I. – b.
J. – e.
888. A. – c.
B. – f.
C. – h.
D. – j.
E. – a.
F. – e.
G. – g.
H. – i.
I. – b.
J. – d.

Und was gehört hier wozu

889. A. – d.
B. – g.
C. – j.
D. – f.
E. – a.
F. – e.
G. – i.
H. – h.
I. – c.
J. – b.

Die Palantíri

890. Steine, die benutzt wurden, um miteinander zu sprechen oder Dinge, die in Raum und Zeit weit weg waren, zu sehen.
891. Fëanor.
892. Sieben.
893. Der Palantír der Turmberge.
894. Der Palantír von Osgiliath.
895. Auf Emyn Beraid (die Turmberge), auf Amon Sûl (Wetterspitze), in Annúminas, in Minas Ithil, in Minas Anor, in Orthanc (Isengart) und in Osgiliath.
896. Zwei alte Hände, die sich in Flammen verzehrten. Denethor verbrannte sich selbst, während er den Stein hielt.
897. Den Palantír von Orthanc.
898. Den Ithilstein von Minas Ithil.
899. Elendil.

Das Rätselspiel

900. Wenn Bilbo gewinnt, würde Gollum ihn aus den Minen herausführen. Wenn Gollum gewinnt, würde er Bilbo fressen.
901. Berg.
902. Zähne.
903. Wind.
904. Sonne auf Gänseblümchen.
905. Das Dunkel.
906. Eier.
907. Fisch.
908. Fisch, Tisch, Mensch, Stuhl und Katze.
909. Zeit.
910. Bilbo fragte: »Was habe ich da in meiner Tasche?« Die Antwort war: der Eine Ring.

Die Ringe

911. Neun.
912. Drei.
913. Hoch im Licht.
914. Vilya, Nenya und Narya.
915. Wenn der Ring erhitzt wurde.
916. Sauron im Orodruin.
917. Jeder war ein Band mit einem einzelnen Edelstein.
918. Die Ringe trieben die Zwerge, Gold und andere wertvolle Stoffe zu begehren.
919. Sie wurden mit ihren Trägern von Drachen gefressen.
920. Nazgûl (auch Neun Reiter oder Schwarze Reiter oder Ringgeister).

Mehr über die Ringe

921. Celebrimbor, der Herr der Elbenschmiede. Ihr Zweck war, die Fähigkeit zum Schaffen, Heilen und Beschützen zu geben.
922. Solange Sauron den Einen Ring hatte, trugen die elbischen Träger ihre Ringe nie mehr offen.
923. Es war eine andauernde Verlängerung der Tage, die das Leben zu einer Bürde machte.
924. Galadriel, Herrin von Lórien, und Gandalf dem Grauen.
925. Isildur von Númenor schnitt den Ring mit dem zerbrochenen Schwert Narsil von Saurons Hand.
926. Isildur sprang in den Anduin, um einer Orkhorde zu entkommen, und der Ring schlüpfte von seinem Finger.
927. Déagol, ein Starre, und sein Mörder Sméagol (Gollum), auch ein Starre.
928. Sie wurden unsichtbar.
929. Die Neun wurden zerstört, die anderen verloren ihre Macht.
930. In Elbenrunen und der Schwarzen Sprache.

Waffen

931. Sie schimmerten dann in einem bläulichen Licht.
932. Beißer und Schläger.
933. A. – c.
B. – e.
C. – h.
D. – a.
E. – j.
F. – g.
G. – b.
H. – i.
I. – d.
J. – f.
934. Andúril.
935. Flamme des Westens (auch das Geborstene Schwert).

Bäume

936. Galathilion.
937. Mallorn.
938. Telperion und Laurelin.
939. Sie erleuchteten Valinor.
940. Von Lebethron.
941. Ein toter Weißer Baum von Gondor, der im Hof des Springbrunnens vom Dritten Zeitalter 2852–3019 stand, bis ein neuer Setzling gefunden werden konnte.
942. Nimloth.
943. Morgoth (Melkor der Vala).
944. Unter dem Festbaum.
945. Von Hírilorn.

Wer tötete ...

946. Gandalf der Graue.
947. Éowyn und Meriadoc Brandybock.
948. Bard, der Bogenschütze von Esgaroth.
949. Dáin II.
950. Beorn.
951. Der Balrog von Khazad-dûm.
952. Éomer, der Dritte Marschall der Riddermark.
953. Gríma Schlangenzunge.
954. Melkor (Morgoth).
955. Gothmog, der Herr der Balrogs.

J. R. R. Tolkien:

Der Herr der Ringe

Normalausgabe
mit den »Anhängen«. Neu gestaltet von Heinz Edelmann.
Drei Bände, Leinen mit SU, zusammen 1379 Seiten,
ISBN 3-12-907921-1 · ISBN 3-12-907931-9 ·
ISBN 3-12-907941-6

Luxusausgabe
Drei Bände, Halbleder, zusammen 1379 Seiten,
ISBN 3-12-907981-5

Wohlfeile kartonierte Ausgabe
Drei Bände im Schuber, 1257 Seiten, ISBN 3-608-95211-X

Nachrichten aus Mittelerde
Mit Einleitung, Kommentar, Register und Karten,
590 Seiten, Linson · ISBN 3-608-95160-1

Das Simarillion
Herausgegeben von Christopher Tolkien
386 Seiten, Leinen, ISBN 3-608-95131-8

Fabelhafte Geschichten
Von Heinz Edelmann gestaltete Neuauflage
160 Seiten, broschiert, ISBN 3-608-95034-6

Barbara Strachey: Frodos Reisen
Der Atlas zu Tolkiens »Der Herr der Ringe«
110 Seiten, 52 Karten, zweifarbig, kart.,
ISBN 3-608-95006-0

Hobbit Presse
Klett-Cotta

Taschen(buch)spielereien
dtv Spiele

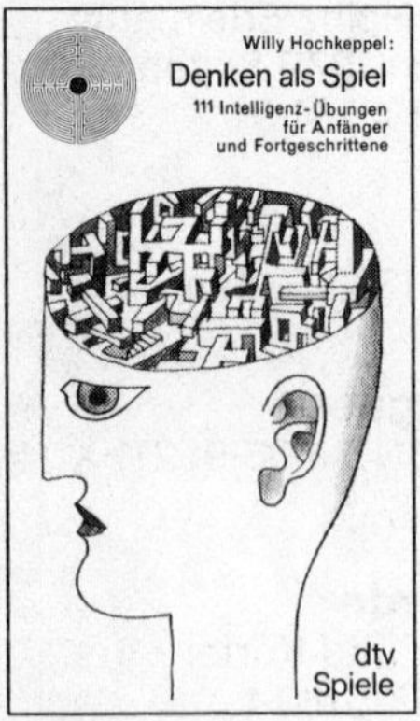

Willy Hochkeppel:
Denken als Spiel
dtv 965

Denkspiele mit
Bleistift und Papier
dtv 10131

László Orbán:
Schach als Denkspiel
dtv 1029

Kartenspiel als
Kunst
dtv 10165

Ulrich Friedrich Müller
Steckbriefe
Ein biographisches
Ratespiel
mit 250 Aufgaben
dtv 1405

László Orbán:
Endspiele und
Mattüberfälle
Schach als Denkspiel
dtv 1659

J. Botermans / P. van
Delft / R. van den
Dobbelsteen:
Denkspiele mit Domin
Würfel und Streichhol
dtv 10049

J. Mander / G. Dipple /
H. Gossage:
Papierflieger
Modelle zum
Selberfalten
dtv 10050

Ivan Morris:
99 neunmalkluge
Denkspiele
dtv 10094

Heinz Haber (Hrsg.):
Mathematisches
Kabinett
dtv 10121

dtv

›dtv songbücher‹

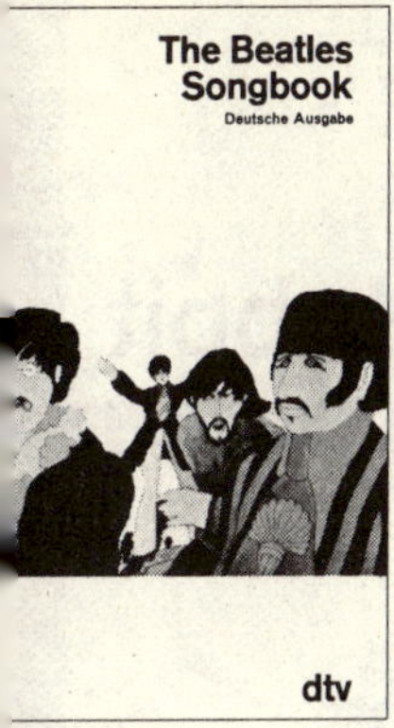

…e Beatles
…ongbook
…v 745
…ärenreiter 28 920 71

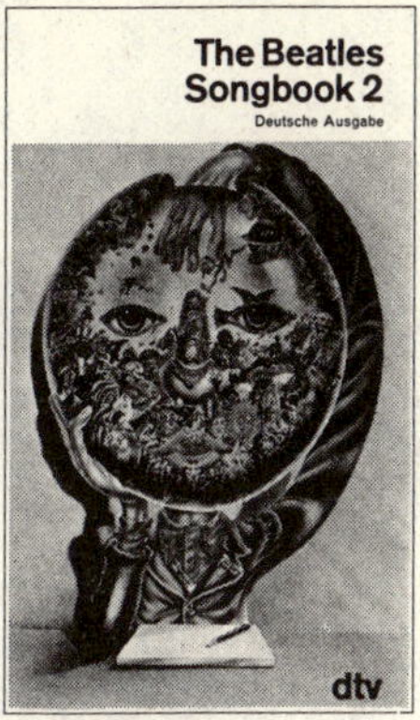

The Beatles
Songbook 2
dtv 1746
Bärenreiter 28 999 61

The Who:
Long Live Rock
Songbook
dtv 1585
Bärenreiter 28 158 50

…as Cowboyliederbuch
…riginalausgabe
…v 10048
…ärenreiter 28 910 21

ABBA
Take a chance on me
Songbook
dtv 1773
Bärenreiter 28 999 94

Puppchen, du bist
mein Augenstern
Deutsche Schlager aus
vier Jahrzehnten
dtv 1719
Bärenreiter 28 999 66

John Ronald R. Tolkien

Der kleine Hobbit

dtv junior

dtv junior 7151